E. F. BAUER

JAGDHUNDE

W0073321

Stocker

E. F. Bauer

JAGD HUNDE

Rassen, Halten, Abrichten, Züchten

Leopold Stocker Verlag

Graz – Stuttgart

Umschlaggestaltung: Thomas Hofer, Reproteam-Druck GmbH.
Titelbilder und Fotos im Textteil siehe Bildquellenverzeichnis Seite 199

Die Deutsche Bibliothek – CIP-Einheitsaufnahme

Bauer, E. F.:
Jagdhunde: Rassen, Halten, Abrichten, Züchten / E. F. Bauer. – Graz : Stocker, 2000
   ISBN 3-7020-0876-4

Hinweis:
Dieses Buch wurde auf chlorfrei gebleichtem Papier gedruckt.
Die zum Schutz vor Verschmutzung verwendete Einschweißfolie ist aus Polyethylen chlorfrei und
schwefelfrei hergestellt. Diese umweltfreundliche Folie verhält sich grundwasserneutral, ist voll
recyclingfähig und verbrennt in Müllverbrennungsanlagen völlig ungiftig.

ISBN 3-7020-0876-4
Printed in Austria
Grafik: Werbeagentur „Christina", A-8071 Dörfla bei Graz, Hauptstraße 27
Druck, Lithos und Bindung: Druckerei Theiss GmbH, A-9400 Wolfsberg

INHALT

VORWORT

Schon vor mehr als zwanzig Jahren habe ich ein Buch über Jagdhunde verfaßt. In diesem neuen Werk werden weitere Jagdhunderassen beschrieben – vor allem solche aus Europa. Im Hinblick auf das immer nähere Zusammenrücken der europäischen Jäger und Jagdhundefreunde erwies sich dies als zwingend notwendig.

Das vorliegende Buch verdankt sein Entstehen der Freude an der Jagd, die uns Jägern in der heutigen Zeit nicht immer leicht gemacht wird, und nicht zuletzt meiner leidenschaftlichen Verbundenheit mit den Jagdhunden.

Es soll dem hegenden Jäger einen Weg zeigen, auf dem er seinen Hund zur jagdlichen Vielseitigkeit heranzubilden vermag, damit dieser den Ansprüchen der heutigen waidmännischen Gegebenheiten entspricht.

Wie schrieb doch Carl Kegel, seines Zeichens Herzoglich Nassauischer Stall- und Jagdmeister, in seinem Buch über Jagdhunde aus dem Jahre 1829:

Als Liebhaber der Jagd betrieb ich mit wahrer Leidenschaft die Abrichtung der Jagdhunde und wenn diese mich eines Theils in den Stand setzte, die Genealogie, den Charakter und die Fähigkeiten der verschiedenen Jagdhundearten näher zu erforschen und zu beurtheilen, so bereicherte sie mich andern Theils mit einer bedeutenden Anzahl von Vortheilen ... Der zahlreich glückliche Erfolg meiner Abrichtung und der dadurch erlangte Beifall von Kennern ermutigt mich, dieses Schriftchen dem Hochwohlgeborenen Publicum zu unterlegen.

Dem hat der Autor nichts hinzuzufügen.

E. F. Bauer, St. Hubertus im Jahre 1999

WAS SOLLTE MAN BEIM ERWERB EINES JAGDHUNDES BEACHTEN?

Zunächst einmal: Wer soll einen Jagdhund halten? Die jagdliche Notwendigkeit, einen Hund zu halten, beweisen – trotz stetiger Weiterentwicklung der Ballistik – die von Zeit zu Zeit auftretenden Zwischenfälle, sei es beim Nachsuchen oder bei ähnlichen Gelegenheiten. Wenn auch der Waidmann naturverbundener lebt und seine Sinne dementsprechend schärfer sind als die anderer Menschen, so ist ihm der Hund in dieser Beziehung noch weit überlegen.

Einen Hund sollte sich ein waidgerechter Jäger auf jeden Fall halten. Es erhebt sich nur die Frage: Welpe oder „fertiger Hund"? Ganz abgesehen davon, daß sich der Normalsterbliche aufgrund der Preise keinen sogenannten „fertigen Hund" leisten kann, ist der Kauf eines Welpen auf jeden Fall vorzuziehen.

Mit einem sogenannten fertigen Hund werden die meisten nämlich nicht fertig! Jeder Jäger, dem an einem treuen und ergebenen Jagdgefährten gelegen ist, wird niemals einen sogenannten fertigen Hund kaufen. Schon allein die Ausbildung ist eine herrliche Zeit für beide, schöne und trübe Stunden werden geteilt, Fehler werden ausgebessert.

Wer sich mit dem Gedanken trägt, einen Jagdhund zu erwerben, tut gut daran, sich an einen der Spezialvereine zu wenden. Er ist im Kreis von Experten gut aufgehoben und wird zumeist auch gut beraten. Grundsätzlich sei erwähnt, einen „Allround-Hund" gibt es nicht!

Verfallen Sie nicht dem Fehler, einen Hund unbekannter Herkunft zu kaufen – Sie können die tollsten Wunder damit erleben. Letzten Endes will ja jeder wissen, wofür er seine Zeit, Mühe und vor allen Dingen sein Geld aufgewendet hat.

Ein großes Problem ist: Paßt der von Ihnen vorgesehene Hund zu Ihrem Temperament bzw. Ihrer Mentalität?

Sollten Sie eine etwas härtere Hand haben, so ist ein empfindsamer, weicher Hund auf keinen Fall für Sie zu empfehlen. Hier sei gleich darauf hingewiesen, daß ein empfindliches Wesen keinesfalls auf mangelnde Schärfe schließen läßt.

Der Mehrpreis für einen eingetragenen Rassehund macht sich in jedem Fall bezahlt, wenngleich auch nicht verschwiegen werden darf, daß die Natur, selbst bei bester Abstammung, oft seltsame Wege geht und man mit einem Welpen böse Rückschläge erleben kann. Der Hundekenner merkt diese schnell, der Unerfahrene aber tut gut daran, sich bei der Auswahl eines Hundes vom zuständigen Zuchtverein beraten zu lassen. Auf welche Rasse die Entscheidung fällt, ist zum Teil Geschmacks- und auch Neigungssache. Bestimmend für die Wahl aber sollte sein, für welches Revier man seinen Hund verwenden will. Darüber soll an anderer Stelle noch gesprochen werden.

Ist die Wahl nun auf eine Jagdhunderasse gefallen, so sollte niemals der Fehler begangen werden, einen Hund von einem Tierhändler zu kaufen oder sich auf einen sogenannten Gelegenheitskauf einzulassen. Ein Jäger, der im Begriff steht, einem Hund seine Geduld und Liebe zu schenken, was nun einmal eine ordentliche Abführung verlangt, wird kaum das Risiko eingehen, irgendeinen „Köter" zu kaufen.

Wer also Zeit und Lust hat, vor allen Dingen aber die Fähigkeit in sich verspürt, einen Hund abzurichten, der sollte sich einen Welpen kaufen. Die Anlagen eines Welpen können nach Belieben entwickelt werden. Er kann ziemlich mühelos der späteren Dressur zugeführt werden. Ähnlich verhält es sich mit einem halbjährigen Junghund, doch wird ein solcher immerhin schon – seinem Alter entsprechend – etliche ungute Angewohnheiten haben. Und der Erwerber sollte sich fragen, weshalb der jetzige Besitzer den Hund mit einem halben Jahr wieder hergibt!

> **Zu beachten ist ein sehr wichtiger Grundsatz: Jeder Hund ist eine eigene Persönlichkeit, nur diese sollte ausgebildet werden. Der Hundeführer darf nie versuchen, seinen vierbeinigen Jagdfreund zu versklaven. Der Hund sieht in seinem Herrn den stärkeren, aber gerechten Meuteführer und sonst nichts.**

Beim Erwerb auf die Veranlagung achten

Es gibt Merkmale, die dem Welpen bereits bei der Geburt von seinen Eltern mitgegeben werden. Anderes kann man ihm in der Dressur vermitteln. Auf beides soll später eingegangen werden.

Das Abrichten eines einjährigen, vorher verwildert aufgewachsenen Hundes gelingt einem Anfänger nur selten zur Zufriedenheit. Da haben routinierte Hundeführer zu beißen. Der Hund und der Führer sind sich fremd. Der Hund bringt bereits einige üble Angewohnheiten mit. Die Arbeit, ihm diese auszutreiben und seinen meist sehr gut entwickelten Dickschädel zu brechen, ist in den meisten Fällen beträchtlich und erfordert manchmal konsequente Maßnahmen. Die Gefahr dabei ist, daß so ein Hund restlos verdorben wird.

Das alles erfordert viel praktische Erfahrung, die der Anfänger nie haben kann. Bei einem Jährling ist es oft ratsam, ihn einem erfahrenen Abrichter zu übergeben. Sollte dem Hundebesitzer ein Revier für die praktischen Fächer zur Verfügung stehen, so ist zu empfehlen, vertraglich festzulegen, daß nur in den Abrichtefächern gearbeitet wird. Bei all dieser Arbeit sollte seitens des Hundeführers nicht vergessen werden, daß der Hund von heute auf morgen nicht alles erlernen kann. Auch der angehende Jäger benötigt Zeit, trotz Bücher und Lehrjahre, bis er ein einigermaßen brauchbarer Waidmann geworden ist. Ein Jagdhund erreicht seine Fertigkeit in der Regel erst im dritten oder vierten Feld, ungeachtet des Umstandes, daß mit der Dressur und Abrichtung bereits im sechsten oder siebten Monat begonnen werden kann. Allein die praktische Erfahrung ist es, die den Hund erst vollkommen macht. Wer aber einen sogenannten fertigen Hund kaufen will, kaufe ihn nicht nur nach den Punkten, die er bei Prüfungen als Suchensieger erreicht hat. Die beste Art der Auswahl ist, sich den Hund im Revier vorführen zu lassen, und zwar nicht nur als Vorsteher, das ist nämlich Veranlagung, sondern bei der Arbeit auf der natürlichen Rotfährte oder wenigstens auf natürlicher Wundspur. Wichtig ist überdies, daß sich der neue Besitzer alle dem Hund gegenüber gebrauchten Befehle und Übungskommandos geben läßt. Auch über seine Untugenden und Unarten sollte man sich unterrichten lassen, denn wenn diese bekannt sind, kann man ihnen entgegenwirken. Ist das geschehen, so schließe man Freundschaft mit dem Hund, gewöhne ihn an die Stimme seines Herrn und dessen Eigenarten – und dann hinaus in die grüne Praxis.

Für jedes Revier den richtigen Hund

Eine Jagdszene aus dem 15. Jahrhundert in Frankreich. Man betrachte die verschiedenen Jagdhundearten. Auf der linken Seite dem Schweißhund und rechts den Bracken ähnliche Hunde. Aus „Gaston Phöbus“. Das Buch war das erste Werk in Europa, das sich ausschließlich mit dem Waidwerk befaßte.

13

Zuerst einmal sollte ein Jagdhund seiner Veranlagung entsprechend eingesetzt werden. Einen Bayerischen Gebirgsschweißhund in einem Niederwildrevier einzusetzen, wäre zum Beispiel fehl am Platz. Leider ist der Begriff „Voll-Gebrauchshund" oft mißverstanden worden und wird so ausgelegt, daß er alle bei der Jagd vorkommenden Arbeiten ausführen müßte. Wir wissen, daß es sogenannte „Spezialisten" unter unseren Hunden gibt, diese aber bleiben Ausnahmen. Bei uns ist man seit einem Jahrhundert dazu übergegangen, möglichst vielseitige Jagdhunde zu züchten. Einen Universalhund, aber, gibt es nicht. Eine solche Forderung wäre glatter Unsinn, wenn man zum Beispiel daran denkt, daß ein Wachtel eine Erdarbeit ausführen oder ein Dachshund vorstehen soll. Hier ist es immer noch besser, einen mittelmäßig veranlagten Hund zu haben, der für die jeweilige Arbeit von der Zucht her geeignet ist, als mit irgendwelchen anderen Jagdhunderassen zu experimentieren.

In England ist es üblich, allerdings auch bei völlig anderen Jagd- und Revierverhältnissen, daß man sich mehrere Jagdhunde hält, und zwar für verschiedene Arbeiten. Da wird ein Vorstehhund verwendet, und wenn das Wild geschossen ist, extra ein Apportierhund. Solch großzügigen Hundeeinsatz kann man sich bei uns nicht leisten. Es ist meiner Meinung nach auch nicht notwendig.

Welcher Hund oder welche Hunderasse wird den jeweiligen Anforderungen gerecht?

Mit dieser Frage hat sich insbesondere der Jungjäger auseinanderzusetzen. Aber auch für ältere „Hasen" ist das ein Problem. Es kann immer wieder beobachtet werden, daß selbst erfahrene Jäger Hunde halten, die für ihr Revier oder für ihre Jagdverhältnisse nur mit großen Einschränkungen zu gebrauchen sind.

In Jägerkreisen ist zwar bekannt, daß es Schweißhunde, Stöberhunde, Vorstehhunde, Erdhunde und Bracken gibt, wie und in welchem Umfang diese Hunderassen im Zusammenhang mit der Jagd jedoch eingesetzt werden können, darüber herrschen oft sehr unklare Vorstellungen. Es ist daher ratsam, daß sich jeder Revierinhaber oder Jäger vor der Anschaffung eines Hundes Gedanken darüber macht, für welche Arbeiten er den Hund gebrauchen wird. Diese Überlegungen hat insbesonders der revierlose Jäger anzustellen, nämlich, welche Arbeiten auf ihn zukommen werden und könnten. Er sollte dabei nicht übersehen, daß ein guter Hund immer Vermittler für Jagdeinladungen sein kann.

Wie oft erlebt man, daß sogenannte Vollgebrauchshunde bei Treibjagden Verwendung finden, und schon nach sehr kurzer Zeit muß der Besitzer eines solchen Hundes feststellen, daß sein vorher sehr guter Hund zu einem üblen Hetzer geworden ist. Der Meute- und Beutetrieb kommt zum Vorschein, und alles, was er gelernt hat, ist schnell vergessen. Wird ein Vorstehhund oft zu diesen Treibjagden mitgenommen,

14

so wird er sehr schnell die Feinheiten der bestechenden Feldarbeit vergessen. Ein vernünftiger Hundeführer sollte sich in solchen Fällen schnell absetzen und die Nachsuchen übernehmen.

Die Frage nach dem richtigen Hund für das jeweilige Revier ist am leichtesten zu beantworten, wenn es einseitig ausgerichtet ist. Für ein reines Feldrevier mit großen Flächen ist der Vorstehhund ideal. Ein zweiter Hund sollte aber zur Bewältigung der jagdlichen Allround-Arbeiten gehalten werden. Hier bietet sich zum Beispiel ein Dachshund oder Terrier an.

Ist jedoch ein reines Waldrevier vorhanden, so ist erst einmal die Frage zu klären, ob Hochwild vorhanden ist, denn dann sollte ein Schweißhund zum Einsatz gelangen. Wir haben wunderbare Rassen. Ist der Hochwildanteil gering und wird nebenbei auch noch auf Reh- und Niederwild gejagt, dann benötigt man einen Hund, der buschieren und auch apportieren kann. Hier kann also ein sogenannter Vollgebrauchshund eingesetzt werden.

In Revieren, wo nur Wasserarbeit zu verrichten ist, wird man mit einem Stöber- und Apportierhund auskommen.

In entsprechend großen, aber mit Niederwild nur schwach besetzten Revieren können die berühmten Brackenschläge eingesetzt werden. Sie leisten in den meisten Fällen auch gute Schweißarbeit und bewältigen weite Wege. Ich denke dabei an Hochgebirgsreviere. Es ist unglaublich, was die einzelnen Brackenschläge da leisten.

Abschließend sei zu diesem Thema noch gesagt, daß die meisten Reviere nicht einseitig ausgerichtet sind. Im allgemeinen wird man mit einem sogenannten Allround-Hund auskommen. Aber welcher ist schon einer. In Feld-, Wald- und Wasserrevieren, in denen die Suchjagd nicht ausgeübt wird, kann zum Beispiel auf einen Vorstehhund verzichtet werden, das gilt besonders für Gebirgsreviere. Hier ist es besser, wenn man sich einen Stöberhund anschafft, der auch Schweiß- und Wasserarbeit gut verrichten kann und außerdem bei einer Treib- oder Riegeljagd das angeschossene bzw. beschossene Wild sucht und erst recht bringt.

Zusammenfassend bleibt die Feststellung, daß jedes Revier eine bestimmte Jagdhunderasse erfordert. Wie gesagt, der Idealzustand wäre natürlich, daß man sich mehrere Hunde hält, aber wer kann das schon.

Auf die einzelnen Rassen, ihre Vor- und Nachteile, wird in einem späteren Abschnitt eingegangen.

Es ist mir jetzt schon klar, daß ich mit meiner Beschreibung der einzelnen Jagdhundeschläge bei manchen Fanatikern ins Fettnäpfchen treten werde. Aber allen recht getan, ist eine Kunst, die niemand kann.

Rüde oder Hündin?

In den meisten Fällen bringt ein Züchter seine männlichen Welpen rascher an den Mann als weibliche Tiere. Für einen Züchter mit gutem Ruf stellt sich diese Frage nicht, der hat seine Welpen schon los, bevor sie geboren werden – egal, ob Rüde oder Hündin.

Wie gesagt, im allgemeinen ist die Nachfrage nach Rüden größer als nach Hündinnen, dabei heben sich die Vor- und Nachteile in den meisten Fällen auf.

Ein Grund, weshalb Rüden bevorzugt gekauft werden, ist die zweimal im Jahr auftretende Hitze (Läufigkeit) der Hündin. Die „Nachfrage" aus der weiteren Umgebung ist in dieser Zeit groß. Meistens sind sämtliche große und kleine Rüden um das Haus versammelt, und keine noch so harte Maßnahme bringt sie von der Stelle.

Manche sind der Meinung, daß Rüden schärfer wären als Hündinnen. Wenn jemand unter Schärfe eine gewisse Rauflustigkeit versteht, dann hat das nur bedingt seine Richtigkeit, denn wenn Rüden aneinandergeraten, sind das sehr oft Scheingefechte – sie wollen nur angeben; handelt es sich aber um Hündinnen, ist es in den meisten Fällen bitterer Ernst.

Wenn eine Hündin läufig ist, ist sie nur sehr schwer beherrschbar. Zu einer ordentlichen jagdlichen Arbeit hat sie in dieser Zeit keine Lust. Mit einem Rüden ist es allerdings auch nicht besser, wenn er eine läufige Hündin in die Nase bekommt.

Ein Rüde kann seinen Besitzer aber auch auf eine andere Art in Schwierigkeiten bringen, nämlich dann, wenn er überall seinem Drang nachgibt, seine Duftmarke in Form des Urinierens zu hinterlassen. Wer hat nicht schon erlebt, wenn so ein richtiger „Brocken" von einem Deutsch-Drahthaar einem Mitjäger vor versammelter Mannschaft in den Gummistiefel pinkelt. Alles amüsiert sich, nur der arme Betroffene hat nichts gemerkt.

Es ist richtig, daß eine Hündin leichtführiger ist. Ein Rüde versucht immer, seinen Willen durchzusetzen, und benötigt beim Abrichten und im jagdlichen Betrieb zweifelsohne eine härtere Hand. Daß sich aber mit einem Rüden oder einer Hündin, wenn sie ordentlich abgeführt wurden, gleich gut arbeiten läßt, beweisen die tägliche Praxis und die von den einzelnen Hunden abgelegten Prüfungen, wobei die praktische Arbeit durch nichts zu ersetzen ist.

Jeder Interessent, der sich einen vierbeinigen Jagdkameraden anschaffen möchte, muß nach seinen Neigungen entscheiden und gleichzeitig wissen, was er sich zutrauen kann.

Die Vor- und Nachteile eines Rüden oder einer Hündin gleichen sich immer irgendwie aus.

WELCHE JAGDHUNDERASSEN GIBT ES?

Vorstehhunde

Deutsche Vorstehhunde

Deutsch-Kurzhaar
Deutsch-Drahthaar
Deutsch-Langhaar
Weimaraner
Großer Münsterländer

Kleiner Münsterländer
Deutsch-Stichelhaar
Griffon
Pudelpointer

Englische Vorstehhunde

English Setter
Gordon Setter

Pointer

Irischer Vorstehhund

Irish Setter

Ungarischer Vorstehhund

Magyar Vizsla (Kurz- und Rauhhaar)

Französische Vorstehhunde

*Kurzhaarige französische
Vorstehhunde*

Braque Français
Braque d'Ariege
Braque d'Auvergne
Braque du Bourbonnais
Braque Dupuy
Braque Saint Germain

*Langhaarige französische
Vorstehhunde*

Epagneul Francais
Epagneul Picard
Epagneul Bleu de Picardie
Epagneul du Pont Audemer
Epagneul Breton
Epagneul Saint Usuge
Barbet

Apportierhunde

Labrador Retriever
Golden Retriever

Flat-coated Retriever

Stöberhunde

Deutscher Wachtelhund
Cockerspaniel*
Welsh Springer Spaniel*
American Cocker
American Water Spaniel

Clumber Spaniel
English Springer Spaniel
Field Spaniel
Irish Water Spaniel
Sussex Spaniel

Schweißhunde

Hannoverscher Schweißhund

Bayerischer Gebirgsschweißhund

Bracken

Brandlbracke
Steirische Rauhhaarbracke
Tiroler Bracke

Alpenländische Dachsbracke
Westfälische Dachsbracke
Deutsche Bracke

Erdhunde

Teckel – Dachshund – Dackel
Deutscher Jagdterrier

Foxterrier
Parson Jack Russel-Terrier

Laufhunde

Schweizer Laufhund
Schweizer Niederlaufhund

Basset Hound

Meutehunde

Beagle

Foxhound

Nordische Hunde

Grauer Norwegischer Elchhund
Schwarzer Norwegischer Elchhund
Jämthund (Großer Schwedischer
   Elchhund*)
Westsibirische Laika*

Finnisch-karelische Laika
Russisch-europäische Laika
Ostsibirische Laika
Karelischer Bärenhund
Finnenspitz Norrbottenpets
   (Schwedischer Spitz)

* *Beide Schläge werden stellvertretend für alle Spaniels unter Kapitel „Stöberhunde" beschrieben.*
* *Beide Schläge werden stellvertretend für alle nordischen Hunde unter Kapitel „Nordische Jagdhunde" beschrieben.*

Was erwartet der Jäger von den Vorstehhunden?

Die wohl älteste Form eines Vorstehhundes dürfte der „alte spanische Pointer" sein.

In Deutschland wurde der Vorstehhund das erstemal zu Beginn des 17. Jahrhunderts durch bildliche Darstellungen nachgewiesen. Etwa zur Zeit der Revolution von 1848 begann der Niedergang der deutschen Jagd. Gleichzeitig wurden viele Generationen von sehr guten Jagdgebrauchshundestämmen vernichtet.

Der Vorstehhund sucht im Gegensatz zu den Hetzhunden, die bekanntlich nur mit den Augen und den Läufen jagen, mit hoher Nase – und zwar unmittelbar – nach seinem Wild. Ganz und gar nicht erwünscht sind das Herausstoßen und Jagen von Wild, wohl aber das Markieren, das Vorstehen, damit der Jäger heran und zum Schuß kommt.

Die Güte der Nase, eine möglichst raumgreifende Suche und das Vorstehen sind erbmäßig verankert, können aber bei meist sehr guter Abrichtefähigkeit der Vorstehhunderassen durch eine entsprechende Führung sehr verbessert werden. Für die Beurteilung der Leistung ist, neben dem Grad der Feinnasigkeit, der Suchenstil entscheidend. Von einem Vorstehhund wird verlangt, vorausgesetzt, er ist Wind- und Revierverhältnissen angepaßt, daß er das zu bejagende Gelände in der Breite sowie auch in der Tiefe in sehr kurzer Zeit so absucht, daß kein Wild überlaufen werden kann. Ein guter Vorstehhund wird immer versuchen, gegen den Wind zu suchen.

Beim heutigen züchterischen Stand sind alle Vorstehhunderassen als gleichwertig zu bezeichnen. Wer sich also einen Vorstehhund anschaffen will, sollte in erster Linie die Revierverhältnisse in Betracht ziehen und sich dann von seinem persönlichen Geschmack leiten lassen. Eine Auswahl ist ja vorhanden, wie die nächsten Seiten zeigen.

Eine Vogeljagdszene in England, 13. Jahrhundert. Die Vögel wurden auf den Feldern mit Vorstehhunden („Setting Dogges") aufgespürt und mittels eines Netzes gefangen. Man betrachte die „vorliegende" Haltung des Hundes. Dieses Vorliegen kann man heute noch beim English-Setter sehen. Gemälde von John Freeman Moorland, Gallery, London.

Deutsche Vorstehunde

DEUTSCH-KURZHAAR

Dem Deutsch-Kurzhaar gelang es wohl am besten, dem deutschen Vorstehund in Europa und in der übrigen Welt Rang und Namen zu verschaffen. Er eroberte den deutschen Jagdhunderassen den Ruf eines vielseitigen und scharfen Jagdgebrauchshundes. Er brachte es so weit, daß ausländische Jäger, die selbst über hervorragende Spezialisten verfügen, dem deutschen Jagdhund großes Lob zollen. Er wird auch sehr oft als „German Pointer" bezeichnet.

Kupferstiche von Riedinger aus den vergangenen Jahrhunderten zeigen bereits den glatthaarigen „Hühnerhund", in der Form des kurzhaarigen Vorstehundes, aber noch als schweren, massigen Hund. Der heutige Kurzhaar dagegen ist ein sehr eleganter, edler und überaus temperamentvoller Typ. Er zeigt als Feldhund eine flotte und ausdauernde Arbeit und besitzt eine sehr feine Nase.

Deutsch-Kurzhaar in bester Vorstehmanier

*Deutsch-
Kurzhaar*

Der Deutsch-Kurzhaar ist ein Hund von einer Größe, die zwischen 60 bis 64 cm liegen sollte. Das Haarkleid ist kurz und dicht. Als Farben sind ein dunkles Braun bis zum hellen Schimmel, mit oder ohne Platten und Tupfe, erlaubt. Ein dunkles Auge wird züchterisch angestrebt, ist aber nicht ganz erreicht. Ganz vereinzelt gibt es auch schwarze Deutsch-Kurzhaar oder Schwarzschimmel, die als „Preußisch-Kurzhaar" gezüchtet werden und vererbungsmäßig auf die Anfang des 20. Jahrhunderts durchgeführte Einkreuzung von schwarzen Pointern zurückzuführen sind.

Zu seinen jagdlichen Qualitäten zählen: Vor dem Schuß Feinheit der Nase, eine kluge, auf Finden eingestellte Suche, Vorstehen und Nachziehen von Feder- und Haarwild, Rücksichtslosigkeit und Härte beim Stöbern. Nach dem Schuß sichere Spurarbeit und einwandfreies Apportieren, Nachsuche auf Schalenwild am Schweißriemen, Härte und Durchhaltewillen bei der Wasserarbeit; Raubwild- und Raubzeugschärfe sind darüber hinaus Bedingung für den Zuchteinsatz.

DEUTSCH-DRAHTHAAR

Der Deutsch-Drahthaar (DD) ist ein rauhhaariger Vorstehhund, bei dem die drahtigen und sehr harten Deckhaare am Körper sehr eng anliegen, so daß sie den Hund sehr gut vor Witterungsunbilden und Verletzungen schützen, den Körperbau aber dennoch sehr gut erkennen lassen. Rumpflänge und Schulterhöhe sollten möglichst gleich sein. Schulterhöhe (Stockmaß) für Rüden 60 bis 67 cm, für Hündinnen 56 bis 62 cm. Farbe Braunschimmel, Schwarzschimmel, Reinbraun, evtl. mit Brustfleck oder geschimmelten Läufen.

Der Deutsch-Drahthaar ist ein Vorstehhund von vornehmer und edler Erscheinung, mit lebhaftem Temperament. Ein kräftiger, aber nicht zu langer Bart und betonte Augenbrauen unterstreichen den energischen Gesichtsausdruck.

Der Deutsch-Drahthaar entstammt einer Kompositionszucht aus besten deutschen rauh- und kurzhaarigen Vorstehhunden zu Beginn des 20. Jahrhunderts im Zuge der Hegewaldschen Gebrauchshundeidee.

Deutsch-Drahthaar

*Vor dem
„Ausgeben"*

Im Verlauf von acht Jahrzehnten in strenger Zucht und Leistungsprüfung weiterentwickelt bis zur Gegenwart. Er ist leistungsstark, wesensfest, ein vielseitiger Jagdgebrauchshund für beste Arbeit im Feld, Wald und Wasser. Man kann ihn als klug, treu, gutartig und wachsam, angenehm im Haus, Zwinger und Auto bezeichnen.

Der DD ist der häufigste Rauhhaarschlag und steht zahlenmäßig und in der Leistung an der Spitze aller Vorstehhunde.

Er ist führig, allerdings verlangt er einen aufmerksamen und „wesensfesten" Hundeführer.

Ich erinnere mich an eine Szene anläßlich einer Treibjagd. Die Jäger waren samt ihren Hunden angestellt, da flüchtete ein Hase, direkt vor einem Schützen, aus seiner Sasse. Der Deutsch-Drahthaar, ein ordentlicher „Brocken", mit einem Riesensatz hinter dem Hasen her, und sein Führer, ein etwas klein geratener Waidmann, segelte ihm nach, er „hing" nämlich an der Umhängeleine, so richtig in den tropfnassen Sturzacker.

So etwas trägt immer zur allgemeinen Heiterkeit bei. Für den Hundeführer wie auch seinen vierbeinigen Gefährten war es wohl nicht so lustig.

23

DEUTSCH-LANGHAAR

Der Deutsch-Langhaar (DL), dessen Entwicklung vom Habicht- oder Vogelhund als Stöberhund im Laufe der Jahrzehnte zum Vorstehhund führte, hinzu kommt noch ein gewisser Brackeneinschlag, vereint große Anlagen zur Vielseitigkeit. Ab dem Jahre 1879 wurde Reinzucht betrieben und die wesentlichen Rassekennzeichen festgelegt. Im Jahre 1897 stellte Freiherr von Schorlemer die ersten Rassekennzeichen für den DL auf und legte somit den Grundstein für die heutige Reinzucht.

Der DL ist in der Gesamterscheinung ein kräftiger, muskulöser, tiefgestellter Vorstehhund, der trotzdem edel und ausgewogen wirkt.

Die Idealmaße sind für den Rüden 63 bis 66 cm und für die Hündin 60 bis 63 cm (Schulterhöhe).

Im Charakter und in der jagdlichen Eignung ist er ein Hund mit Passion, dazu intelligent, gutartig und leichtführig. Er hat ein ruhiges, beherrschtes Wesen und gehört nur in die Hände eines Jägers.

Deutsch-Langhaar

*Zwei prächtige
Exemplare!*

Die jagdlichen Qualitäten des DL sind vielseitig, darauf ist die Zucht der Rasse ausgerichtet. Lautes Jagen, Raubzeugschärfe, Wesensfestigkeit sind die wesentlichsten Zuchtvoraussetzungen. Die Zuchthunde müssen dem Typ-, Form- und Haarwert der Zuchtordnung entsprechen, eine Untersuchung auf Hüftgelenksdysplasie ist Vorschrift, wie im übrigen auch bei allen anderen Vorstehhunderassen.

WEIMARANER

Der Weimaraner ist ein mittelgroßer bis großer, kräftiger und muskulöser Jagdgebrauchshund. Der Rüden- bzw. Hündinnentyp sollte deutlich ausgeprägt sein. Schulterhöhe Hündinnen 57–65 cm, Rüden 59–70 cm.

Es gibt einen **Kurzhaar-Weimaraner** und einen langhaarigen. Die Behaarung ist beim Kurzhaar kurz-fein bis kurz-derb, glattanliegend und dicht.

Beim **Langhaar-Weimaraner** ist langes weiches Haar, aber gut anliegendes glattes Deckhaar erwünscht. Die Federn und Hosen sowie die Fahne müssen gut ausgeprägt sein.

Der Weimaraner ist einfarbig grau. Weiße Abzeichen sind nur in geringem Umfang an Brust und Zehen zulässig. Vereinzelt tritt als Brackenerbe auch gelber Brand auf.

Es wird oft behauptet, daß der Weimaraner bereits am Hofe zu Weimar gezüchtet wurde. Diese Behauptung kann nach dem heutigen Stand des Wissens weder belegt noch widerlegt werden.

Wahrscheinlich ist, daß die Rasse als sogenannter Landschlag auf dem flachen Lande in Thüringen und Umgebung entstanden ist.

Weimaraner Kurzhaar

Zuchtbuchmäßig läßt sich die Rasse bis zum Jahr 1891 lückenlos zurückverfolgen. Interessant zu wissen ist, daß die Weimaraner wie übrigens auch die ausgestorbenen „Württemberger" bis zum Jahr 1922 im Kurzhaar-Stammbuch eingetragen wurden.

Was seine geistig-seelischen Eigenschaften betrifft, so zeichnet den Weimaraner an erster Stelle die Anhänglichkeit gegenüber seinem Führer und dessen Familie aus. Hieraus resultiert die Leichtführigkeit dieser Rasse, ihre ausgesprochene Bringfreudigkeit und die leichte Abrichtbarkeit überhaupt. Aber auch der dem Weimaraner angewölfte Schutztrieb ist als Ergebnis dieser engen Bindung an Person, Familie und Haus des Besitzers anzusehen.

Im Jagdbetrieb ist der Weimaraner ein passionierter und ausdauernder Jagdgebrauchshund. Seine Arbeitsweise wird zweifelsohne durch sein gezügeltes Temperament bestimmt, sie ist überlegt und planmäßig. Eine hektische, überpassionierte Arbeitsweise ist nicht Zuchtziel dieser Rasse.

Als Erbteil des Leithundes hat sich auch beim heutigen Weimaraner noch die Neigung zur Arbeit mit tiefer Nase, also zum Spur- und Fährtenhalten erhalten. Diese besondere Anlage prädestiniert die Rasse vor allem zur Arbeit nach dem Schuß, also zur Schweißarbeit und zum Verlorenbringen.

Die für die erfolgreiche Absolvierung dieser Arbeiten notwendige Wildschärfe zählt zu den Zuchtzielen dieser Rasse.

Ebenso selbstverständlich ist auch die Vorstehanlage beim Weimaraner erblich verankert. Es muß jedoch darauf hingewiesen werden, daß diese Veranlagung bei der ohnehin extrem frühreifen Rasse in der Jugend oft etwas spät zum Durchbruch kommen kann, zumal die Neigung zum Ausarbeiten von Spuren und Geläufen mit tiefer Nase dem etwas entgegenwirkt.

Weimaraner Langhaar

27

GROSSER MÜNSTERLÄNDER

Der Große Münsterländer (GM) ist ein kräftiger, muskulöser und dennoch mit einem schnittigen Gesamtbild ausgestatteter Jagdgebrauchshund. Er verkörpert Intelligenz und Adel, eine trockene Außenlinie, ein lebhaftes Wesen, ohne Nervosität.

Der Große schwarz-weiße Münsterländer ist der einzige Vorstehhund, bei dem die schwarz-weiße Farbe seines Haarkleides ein Rassekennzeichen ist. Die Größe liegt beim Rüden zwischen 60 und 66 cm, bei der Hündin zwischen 58 und 63 cm.

Er stammt, genau wie der Deutsch-Langhaar und der Kleine Münsterländer, vom alten „Vogelhund", „Habichthund" und „Wachtelhund" ab. In ihm kreist aber auch noch das Blut der „jagenden" Hunde, der weißbunten Bracken. Die schwarz-weiße Farbe kam ursprünglich bei allen deutschen Vorstehhunden vor.

Für die Zucht werden nur laut jagende, raubzeugscharfe Hunde zugelassen. Rüde und Hündin müssen HD-frei sein und einen Form- und Haarwert von mindestens

Großer Münsterländer

Ein aufmerksamer Beobachter

„gut" nachweisen. Waidlaut jagende sind ebenso von der Zucht ausgeschlossen wie Große Münsterländer mit Erbfehlern jeder Art, wie z.B. Schußscheue, Schußempfindlichkeit und Angstbeißen.

Der Große Münsterländer wurde früher selten im Zwinger, sondern auf den Bauernhöfen fast immer im Haus gehalten. Durch diese enge Verbundenheit zu „seiner" Familie entwickelte er eine sehr große Wachsamkeit.

KLEINER MÜNSTERLÄNDER

Der Kleine Münsterländer Vorstehhund (KLM) entwickelte sich ungefähr 1910, also rund zehn Jahre früher als der Große Münsterländer. Einer der „Entdecker" war Edmund Löns, der Bruder des Dichters Hermann Löns. Der Kleine Münsterländer trug in dieser Zeit oftmals die Bezeichnung „Heidewachtel". Dieser Name wurde jedoch bald fallengelassen, da er zu Verwechslungen mit dem „Deutschen Wachtel" führte, der jagdlich eine ganz andere Verwendung hat.

Die Größe nach dem Standart beträgt für Rüden 52 bis 56 cm und für Hündinnen 50 bis 53 cm.

Der KLM ist aufgrund seiner unstillbaren Jagdpassion, seiner leichten Führigkeit und insbesondere wegen seiner angeborenen Bringfreudigkeit bestens für vielseitiges Jagen geeignet. Er hat eine vorzügliche Nase und ist durchaus in der Lage, einer Spur, die schon länger steht, ausdauernd zu folgen. Dieser ausgeprägte Spurwille, gepaart mit Spurlaut, ist imponierend.

Kleiner Münsterländer

Ein klassisches Profil

Der KLM erkennt aber auch sehr schnell die Schwächen seines Führers, die er gnadenlos ausnützt, wenn nicht hart dagegen gesteuert wird.

Die überdurchschnittliche Jagdpassion kann manchmal in Schußhitze ausarten, wenn sie nicht gesteuert wird. Die Vorstehanlage ist durch eine strenge Zuchtauslese gewährleistet.

Bei verständigem Abrichten verrichtet der KLM seine Arbeit auf Schweiß und im Wasser überragend. Im Haus erweist er sich als sehr wachsam und für das Familienleben bestens geeignet. Es sollte unbedingt beachtet werden, daß der KLM bei seiner Gutmütigkeit wohl konsequent behandelt werden muß, eine übermäßige Härte oder gar Bestrafung sollte man jedoch unterlassen. Für irgendwelche Gewaltdressurakte ist er vollkommen ungeeignet.

Wer einmal einen KLM geführt und dazu noch ein wenig Glück gehabt hat, wird wehmütig an wundervolle, längst vergangene Jagderlebnisse mit ihm zusammen denken, erst recht, wenn dieser vierbeinige Jagdgehilfe längst in die ewigen Jagdgründe eingegangen ist.

DEUTSCH-STICHELHAAR

Der Deutsch-Stichelhaar (DSt) ist in seiner allgemeinen Erscheinung ein mittelgroßer Jagdgebrauchshund. Seine Figur ist kräftig, aber nicht plump. Der Gesamteindruck des Hundes ist ernst und verständig. Sein Auge und sein Blick wirken wegen der buschigen Augenbrauen scheinbar drohend.

Seine Farben und Abzeichen sind braun und weiß, braunschimmel mit oder ohne Platten bzw. gemantelt.

Der Deutsch-Stichelhaar ist die rauhhaarige Form des deutschen Hühnerhundes – ein Sammelbegriff. Er ist ein voll brauchbarer Jagdhund, kein Spezialist. Er leistet im Felde, Wasser und Wald eine ausgeglichene Arbeit. Hervorzuheben sind unbe-

Deutsch-Stichelhaar

Ein brauner Vertreter seiner Rasse

dingt seine Ruhe, eine Veranlagung zur Schärfe und seine Wasserfreudigkeit.

Gezüchtet wird der DSt schwerpunktmäßig in Ostfriesland.

Erste stichelhaarige „Hühnerhunde" tauchten schon auf Holzstichen von Jost Ammons (1539–1591) und auf Kupferstichen von Ridinger auf.

GRIFFON

Der Griffon-Club, der im Jahre 1888 gegründet wurde, war der erste Club, der ein Stammbuch für eine Rasse eingeführt hat. Er war der erste Jagdgebrauchshundeverein, der die heute fast überall eingeführten Wurfmeldungen für das Gebrauchs-Stammbuch angenommen hat. Durch sorgfältige Zuchtwahl gelang es dem Club, eine Rasse herauszuzüchten, die heute unter dem Namen „Griffon" in Deutschland und im übrigen Europa bekannt ist.

Ziel des Vereins war und ist es, den Griffon als den unerschrockenen, feinnasigen, wasserfreudigen, lautjagenden und spurfesten Jagdgebrauchshund nicht nur zu erhalten, sondern im Rahmen der Möglichkeiten noch besser zu entwickeln. Beim Griffon handelt es sich um den rauhhaarigen Jagdhund schlechthin.

Griffon

Er ist wahrscheinlich aus einer Kreuzung von Jagdhunden und rauhhaarigen Schäferhunden entstanden.

Ende des 19. Jahrhunderts züchtete der Holländer E. K. Korthals eine Rasse, die sich rein und konstant fortpflanzte als „Griffon Korthals".

Verlangt wird, daß der Griffon etwas länger als hoch sein muß. Diese Gebäudeform bewirkt daher den Gang, den man als wellenförmig bezeichnen kann und der am charakteristischen Wirbeln der Hinterhand zu erkennen ist. Der Griffon besitzt demnach eine Figur, die bei anderen Rassen der Vorstehhunde nicht anzutreffen ist. Nur der English Setter ist ihm – was die Gestalt betrifft – etwas ähnlich.

Neben dem Vorstehen zeigt er auch seine Verläßlichkeit im Wald und im Wasser. Er kann als der Jagdhund bezeichnet werden, der dank seiner Leichtführigkeit auch von einem Anfänger spielend geführt werden kann.

Der Kopf des Griffon sollte groß und lang-, rauh- aber nicht langbehaart sein. Er sollte einen deutlich sichtbaren Schnurrbart und Augenbrauen haben.

Die Größe des Rüden liegt zwischen 55 bis 60 cm, die der Hündin zwischen 50 und 55 cm. Das Idealmaß ist die mittlere Größe.

Die Farbe des Griffon ist blaugrau, grau mit braunen Platten oder auch einfarbig braun, manchmal mit grauem Haar gestichelt.

Die Behaarung sollte rauh bis harsch sein und sich wie Sauborsten oder feiner Draht anfühlen.

Als fehlerhaft gelten gelbe und weiße Brustflecken, eine mattbraune Farbe, ein weiches, wolliges, lockiges Haar.

PUDELPOINTER

Die Heimat des Pudelpointers (PP) liegt in Schlesien. Bereits im Jahre 1881 fiel der erste Wurf bei dem damaligen Stiftsförster WALTER aus Wolfsdorf. Weitere Urstämme aus Pudel und Pointer aus der Zeit zwischen 1885 und 1895 begründeten die Zucht des Pudelpointers.

Keine Geringeren als Hegewald und Oberländer waren die Gründer des Pudelpointer-Vereins, der im Jahre 1897 aus der Taufe gehoben wurde.

Schon nach den ersten fünfzehn Jahren war der Typ des Pudelpointers, wie wir ihn heute kennen, wenn auch mit gewissen Abweichungen, und vor allen Dingen wenig Adel, aber mit sehr hohem Leistungsniveau, geschaffen. Der Pudelpointer hat sich als der in allen jagdlichen Fächern zuverlässige und sichere Jagdgebrauchshund etabliert.

Erwähnenswert ist, daß der PP keinesfalls ein „Schlag" des Deutschen Vorstehhundes ist, sondern eine selbständige Rasse, die genetisch mit dem Vorstehhund in

Pudelpointer

keinerlei Verbindung steht. Umgekehrt aber haben später PP zur Gründung von neuen Schlägen des Vorstehhundes beigetragen. Als absolutes Zuchtziel sieht man bei den PP-Züchtern bis heute nur zwei Anlagen: nämlich die Nase und die Schärfe, selbst den Spurwillen überläßt man als relatives Zuchtziel dem Ermessen der Züchter.

Es ist selbstverständlich, daß ein Zuchtverein wie der PP-Verein, dessen Gründer, wie bereits erwähnt, die Klassiker unter den Züchtern Oberländer und Hegewald waren, der Abrichtung und dem Prüfungswesen erhöhte Bedeutung beimißt.

Der PP ist kein ausgesprochener Feldspezialist und trotzdem leistet er gute Arbeit in diesem Revier. Wenn man PP überhaupt als Spezialisten in einem Fach bezeichnen kann, dann bei der Wasserarbeit.

Ein markantes „Bartgesicht"

Was sein Erscheinungsbild betrifft, so sollten Kopf und Hals lang und breit, aber harmonisch zueinander stehen. Der Kopf sollte rauh behaart mit starkem Bart und starken Augenbrauen sein. Der Behang sollte mittelgroß, anliegend, nach vorne geneigt, aber nicht fleischig, mehr spitz als abgerundet sein. Das Auge ist seitlich stehend, groß, lebhaft, dunkelbernsteinfarbig.

Der Hals ist mittellang und gut bemuskelt, die Brust breit und tief. Der Rücken sollte kurz, aber stramm sein.

Die Rute sollte möglichst dünn, ohne Fahne und rauh behaart sein. Sie darf nicht hoch, sondern nur gerade getragen werden.

Die Größe beträgt bei Rüden 60 bis 65 cm und bei Hündinnen 55 bis 60 cm.

Englische Vorstehhunde

Egal, ob English-, Gordon-, Irish Setter oder Pointer, alle sind hervorragende Spezialisten bei der Feldarbeit. Auf den nachfolgenden Seiten sollen alle kurz charakterisiert werden.

Vier prächtige Vertreter ihrer Rassen: English u. Irish Setter, Pointer, Gordon Setter

ENGLISH SETTER

Die Rasse ist fast zweihundert Jahre alt, stammt aus alten Spanielschlägen, wurde vor 150 Jahren von ihrem Hauptzüchter Laverack in schärfster Inzucht unter eiserner Auslese auf Leistung herausgearbeitet und ist in den wenigen bestehenden Arbeitszuchten wohl der eleganteste und bestechendste Vorstehhund (Rudolf Fries).

Er ist etwas niedriger als der Irish- und Gordon Setter. Die Größe beträgt bei Rüden 63 bis 68 cm, bei Hündinnen 60 bis 65 cm.

Der Suchenstil dieses überragenden Feldhundes zeichnet sich durch eine hohe Kopfhaltung aus. In seinen Vorstehmanieren gleicht er einer Raubkatze. Seine Vielseitigkeit konnte er sich dank seiner Spanielherkunft erhalten.

Mit der ihm eigenen ausgeprägten Passion und Ausdauer in Feld, Sumpf und Wasser leistet er dort Hervorragendes. Sein seidiges Langhaar bietet einen guten Kälteschutz. Es ist nicht schwer, ihn zum sicheren Verlorenbringer und Nach-suchenhund abzuführen.

Vier Farbschläge sind zugelas-sen: Bluebelton (Schwarz und Weiß), Orangebelton (Orange und Weiß), Lemonbelton (zitronenfarben und Weiß) sowie seltener Liverbelton (Leberbraun und Weiß). Auch Tri-color ist anzutreffen. Platten sind zugelassen. Die Augen sollten dun-kel-haselnußfarben sein.

Zuchthunde müssen entsprechen-de Prüfungen, Wesensfestigkeit und einen Formwert nachweisen. Sie müssen frei von Hüftgelenks-dysplasie und anderen körperlichen Mängeln sein.

English Setter beim Vorstehen

GORDON SETTER

Der Gordon Setter wurde, wie alle Setter-Rassen, aus ursprünglich dreifarbigen Jagdhunden in England und Schottland herausgezüchtet.

Am Anfang dieses Jahrhunderts war der Gordon häufig in Deutschland vertreten und wurde besonders vom Forstpersonal als Jagdgebrauchshund gehalten. Nach 1945 ging der Neuaufbau der Rasse sehr langsam voran, in letzter Zeit hat die Verbreitung wieder zugenommen.

Der Gordon ist ein eleganter, kraftvoller, langhaariger Vorstehhund mit harmonischem Gesamteindruck.

Der Kopf ist edel, mit parallelen Linien, trocken, mit ausdrucksvollen, dunkelbraunen Augen und tief angesetzten Behängen.

Der Rumpf ist mäßig lang, mit geradem Rücken, tiefem, aber nicht zu breitem Brustkorb und gut gewölbten Rippen. Die Vorder- und Hinterhand sind gut gewinkelt und besonders die Vorderläufe starkknochig. Die Rute ist verhältnismäßig kurz

Gordon Setter

Ein edler Kopf

und gerade, mit einer zur Spitze fein auslaufenden Fahne. Das Haarkleid ist mittellang, glatt und glänzend, mit einer schönen Befederung an den Läufen, an der Brust und am Bauch. Es ist tiefschwarz mit dem typischen kastanienroten Brand.

Die Idealgröße sollte beim Rüden 66 cm und bei der Hündin 62 cm betragen.

Sein ruhiges und ausgeglichenes Wesen machen ihn jagdlich vielseitig einsetzbar. Das gilt sowohl bei der Arbeit im Feld, bei der Suche und beim Vorstehen, Verlorensuchen und Apportieren wie für seine Passion im Wasser und für seinen Einsatz im Wald und auf Schweiß.

Der Gordon ist ein ausgesprochener Familienhund.

41

POINTER

Die Vorfahren unseres heutigen Pointers sind die weiß-bunten Hühnerhunde spanischer Herkunft. Der Pointer ist eine der ältesten heute noch vorhandenen Jagdhunderassen.

Albertus Magnus, seines Zeichens Bischof und Naturforscher in Regensburg (1193–1280), hat in der Niederschrift „De animalisbus" den spanischen **„Perro de Punta",** den Vorfahren des heutigen Pointer, erwähnt.

In das heutige Mitteleuropa wurde der Perro de Punta auf drei Wegen aus Spanien eingeschleust. Im 12. Jahrhundert nach Italien, im 15. Jahrhundert nach Frankreich und erst im 18. Jahrhundert nach England. Zur Verbesserung von Nase, Schnelligkeit und Finderwille wurden besonders in England im 18. Jahrhundert Bracken, Foxhound und Greyhound eingekreuzt. Diese Blutanleihe galt im frühen 19. Jahrhundert als abgeschlossen. Heute kann von einem homogenen Typ gesprochen werden.

Pointer

Pointer beim Sekundieren

Der Pointer ist ein edler, athletischer, muskulöser, kurzhaariger Vorstehhund mit trockenem, quadratischem Körperbau, mit leichten Unterschieden in der Größe. Franco-italienischer Typ: Rüde 56 bis 62 cm. Englischer Typ: Rüde 60 bis 67 cm.

Die häufigsten Farben sind Zitronenfarbig und Weiß, Orange und Weiß, Leberfarben und Weiß sowie Schwarz und Weiß. Auch einfarbige und dreifarbige (tricolor) Pointers sind anzutreffen. Das Haarkleid des Pointers ist fein, kurz und fest, vollkommen glatt und gerade, mit einem ausgeprägten Glanz.

Zu seinen Stärken zählt die exzellente Feldarbeit. Wenn er die im weiten Feld geforderten Eigenschaften gezeigt hat, zum Beispiel Nase und Ausdauer, dann bereitet es keine Schwierigkeit, ihn auf den jagdlichen Allround-Hund abzuführen.

43

Irischer Vorstehhund

IRISH SETTER

Seine Heimat ist Irland und er gehört zur Rassengruppe der englischen Vorstehhunde. Er ist Irlands bodenständiger Jagdgebrauchshund und auf der ganzen Welt verbreitet, wo immer Federwild über dem vorstehenden Hund geschossen wird.

„Setter" oder „sitting dog" bedeutet vor dem gefundenen Wild vorliegender Hund

Irish Setter

und stammt aus der Zeit, da Rebhuhn und Wachtel mit Decknetzen bejagt wurden.

Gemäß dem Standard ist der Irish Setter ein mittelgroßer, rassig eleganter Hund mit freundlichem, gütigem Ausdruck, edel geformtem, trockenem Kopf.

Das Haarkleid ist einfarbig mahagoni- oder kastanienfarben mit goldenem Schimmer. Kleine weiße Abzeichen an Zehen, Brust und Stirn sind das Erbe der weißroten Ahnen. Das Haar ist am Körper und Kopf glatt und fein, mit guter Befederung an Behängen, Rückseiten der Läufe, am Bauch und schöner Fahnenrute.

Den Irish Setter zeichnen hohe Auffassungs-

Zeigt einen freundlichen gutmütigen Ausdruck

gabe und Lernbereitschaft aus. Er ist ein selbstbewußter Hund, der verständig erzogen werden will. Seine Abrichtung erfordert Konsequenz, ebenso seine Führung.

Der Weg zum Jagdgebrauchshund geht immer über die Hühnerjagd; wird er gut abgeführt, ist der Ire für alle anderen jagdlichen Gegebenheiten ein hervorragender Gefährte.

Ungarischer Vorstehhund

MAGYAR VIZSLA (Kurz- und Rauhhaar)

Jahrhundertealte Ritzzeichungen zeigen ungarische Jäger mit Beizvögeln und dem Vizsla (Spürhund).

Aus dem Hetzhund der zu Pferd jagenden Nomaden wurde über den Spürhund des Beizjägers an den ungarischen Adelshöfen der Vorstehhund mit heutigem Aussehen.

Anfang 1700 begann die Adelsfamilie Zay von Zayugroc mit der Reinzüchtung. Die türkische Besetzung Ungarns brachte die Einkreuzung des Türkischen Vorstehhundes in seinem sandgelben Haarkleid. Auch der „Sloughi" (Arabischer Windhund) ist unter seinen Ahnen vertreten.

In der Zeit der großen Vorstehhundeveredelung ab 1880 wurde von den Berufsjägern an den ungarischen Adelshöfen der Deutsch-Kurzhaar-Vorstehhund, der Poin-

Magyar Vizsla Kurzhaar

ter und der Hannoversche Schweißhund zur Anpassung in der Jagdformentwicklung eingekreuzt. Wir unterscheiden zwei Haararten. Zuerst war der Kurzhaar (Rövidzörü Vizsla) da. Er ist ein Vorstehhund mittlerer Größe und von eleganter Erscheinung, dem Trend folgend, etwas leicht gebaut. In seiner Erscheinung zeigt er eine vollendete Harmonie von Schönheit und Kraft.

In den dreißiger Jahren des 20. Jahrhunderts entstand durch die Einkreuzung des Deutsch-Drahthaar der sandgelbe Ungarische Drahthaar. Er ähnelt in seinem Wesen dem Kurzhaar, besitzt aber etwas größere Körpermaße, eine angezüchtete stärkere Knochenstruktur sowie einen kräftigen Körperbau.

Größe und Stockmaß des **Ungarischen Drahthaar:**
> Rüde 58 bis 63 cm; Hündin 54 bis 58 cm.

Größe und Stockmaß des **Ungarischen Kurzhaar:**
> Rüde 56 bis 61 cm; Hündin 52 bis 57 cm.

Bei beiden Haararten variiert die Farbe von Semmelgelb in verschiedenen Nuancen bis hin zu sandfarbig und rostig. Augen, Nase und Nägel harmonisieren mit der Haarfarbe.

In guter, einfühlsamer Hand erbringen die Hunde Meisterleistungen in vielseitigen jagdlichen Fächern. Paradestücke sieht man vom Vizsla aufgrund seiner Feinnasigkeit auf der Rotfährte, als Verlorenbringer und beim Vorstehen.

Magyar Vizsla Rauhhaar

Französische Vorstehhunde

Kurzhaarige Französische Vorstehhunde

BRAQUE FRANÇAIS

Der Braque Français gilt als Stammvater aller heutigen kurzhaarigen Vorstehhunde. Seine Züchtung reicht zurück bis ins Mittelalter. Eine exakte Beschreibung des Braque Français stammt 1683 von Espeé de Seliccourt (1683). Die sich 1850 organisierende französische Kynologie gab dem überaus gefragten Hund den Namen.

Kreiert wurden zwei Schläge, der kleine Schlag wurde nach seiner Herkunftsregion auch Pyrenäen genannt, der größere auch Gascogne. Der Pyrenäen ist ein überaus flotter Hund, während der Gascogne große Ruhe ausstrahlt.

Nach dem Deutsch-Kurzhaar und dem Weimaraner steht der Braque Français an dritter Stelle in der Beliebtheitsskala bei den kurzhaarigen Vorstehhunden in Frankreich.

Auszug aus dem Standard:

Größe: Kleiner Typ Pyrenäen: Rüde 47 bis 58 cm; Hündin 47 bis 56 cm.

Großer Typ: Gascogne: Rüde 58 bis 69 cm; Hündin 56 bis 68 cm.

Die Farbe ist weiß mit braunen Platten, weiß mit brauner Schimmelung, ohne und mit Platten, oder einfarbig braun.

Der Braque Français ist ein ausgezeichneter Fährtenhalter mit einem ausgeprägten Spursinn. Sehr gutes Vorstehen und lobenswerte Bringfreudigkeit sind weitere positive Eigenschaften. Seine Apportierfreudigkeit ist angeboren. Er benötigt sehr viel Verständnis und bevorzugt eine nicht allzu harte Hand.

Braque Français

BRAQUE D'ARIEGE

Bereits 1860 wurde der Ariege als selbständige Rasse anerkannt. Er erinnert sehr an die berühmten „weißen Hunde" des französischen Königs. Um die Jahrhundertwende wurde er mit dem Braque Saint Germain gekreuzt, dadurch etwas abgeändert.

Beim Ariege handelt es sich um einen sehr kräftigen kurzhaarigen Vorstehhund, dessen Schulterhöhe beim Rüden als auch bei der Hündin zwischen 59 und 67 cm liegt.

Die Farbe ist orange mit hellbraunen Platten oder Tüpfeln auf weißem Grund.

Braque d'Ariege

BRAQUE D'AUVERGNE

Einer der Gebirgszüge, die das Pariser Becken umschließen, ist das Zentralmassiv mit der Auvergne. Zentrum der Auvergne ist die Stadt Clermont-Ferrand. Hier findet sich seit gut 300 Jahren eine auf diesen Landstrich zugeschnittene, kurzhaarige Vorstehhunderasse. Eine Quelle berichtet, daß dieser elegante Kurzhaar von der Insel Malta stammen soll, von wo ihn angeblich Ordensritter des Malteser Ordens um

1798 in die Auvergne gebracht haben. Der Braque d'Auvergne soll frei von jeglichem Fremdblut sein.

Er wird überwiegend zur Niederwildjagd verwendet. Eine angewölfte Bringfreude sowie ein sicheres Vorstehen werden ihm nachgesagt. Er ist sehr frühreif und führerbezogen. Größe: Rüde 59 bis 70 cm, Hündin 57 bis 65 cm. Farben: Schwarz mit grauen Platten und Weiß mit schwarzen Platten oder getupft.

Braque d'Auvergne

BRAQUE DU BOURBONNAIS

Der Braque du Bourbonnais kann sich einer noblen Abstammung rühmen. Im 16. Jahrhundert widmete sich der Italiener Aldovrandi (1522–1607) seiner Existenz und nahm ihn in seine Enzyklopädie auf, die 1589 im Dienste des Senats von Bologna veröffentlicht wurde. Im 17. Jahrhundert wurde der Bourbonnais am französischen Hof eingeführt. Seither hat er einen festen Platz unter den Jägern.

Der Bourbonnais ist ein trockener, kräftiger, mittelgroßer kurzhaariger Vorstehhund. Er ist für seine Ausdauerleistung kräftig gebaut und sucht mit hoher Nase. Er steht fest und sicher vor und wird mit kurzer Rute gewölft.

Größe: Rüde 51 bis 57 cm; Hündin 48 bis 55 cm. Das Haarkleid ist in der Grundfarbe weiß mit Grau oder Orange meliert oder getüpfelt. Der Gesamteindruck ergibt die Variante „fleur de pecher". Farbige Platten am Kopf sind zulässig.

Braque du Bourbonnais

BRAQUE DUPUY

Der Braque Dupuy zählt zu einer der seltenen französischen Vorstehhunde. Er soll auf eine Kreuzung zwischen einem Whippet und einem Braque Français zurückgehen.

Der Dupuy gehört zu den größten kurzhaarigen Vorstehhunden. Er ist dennoch elegant, leicht und trocken gebaut.

Er eignet sich für weite Feldjagden, verfügt über eine vorzügliche Nase sowie über eine angeborene Apportierfreudigkeit, und er steht eisern vor.

Größe: Rüde bis 68 cm; Hündin bis 66 cm. Die Behaarung ist jeweils kurz und glatt. Die Farbe ist weiß mit dunkelbraunen Platten.

BRAQUE SAINT GERMAIN

Der Braque Saint Germain wurde auch Braque Compiègne genannt, und zwar aus folgendem Grund:

Der Graf de Girardin kaufte für König Charles X., der 1824 den französischen Thron bestieg, in England zwei weiß-orange Pointer, die für die Niederwildjagd verwendet werden sollten, was den beiden Feldspezialisten offensichtlich nicht lag. Nach dem Sturz von Charles X. (1830) landeten die Pointer bei einem Baron de Larminant, dem Inspektor des Waldes von Compiègne. Der Rüde ging nach kurzer Zeit ein. Die Hündin wurde mit einem Braque Française gepaart. Die Welpen gingen mit den Waldaufsehern nach Saint Germain, und diese Jäger züchteten auf dieser Basis weiter. So entstand ein sehr guter Vorstehhund – elegant, aber mit einer weniger mächtigen Muskulatur als der Pointer.

Hauptmerkmal: Der Kopf darf nicht an einen Pointer erinnern, sondern an einen Braque Français.

Größe: Rüde 50 bis 62 cm; Hündin 50 bis 59 cm. Die Farbe ist weiß mit starken orangen Flecken. Die Rute wurde nie kupiert.

Braque Saint Germain

Langhaarige Französische Vorstehhunde

EPAGNEUL FRANÇAIS

Der Epagneul Français gehört zu den ältesten Vorstehhunderassen Frankreichs.

Er ist der berühmte, „sich legende Hund" des Mittelalters, der für die Netzjagd verwendet wurde. Kupferstiche von Desportes und Oudry zeugen davon.

Nach der Französischen Revolution verschwand eine Vielzahl von französischen Rassen. Die englischen Vorstehhunde wurden eingeführt. Erst gegen 1850 interessierten sich die Franzosen wieder für ihre einheimischen Rassen.

Der französische Priester Abbé Fournier rettete die fast ausgestorbene Epagneul Français-Rasse. Er brachte einige dieser Vorstehhunde in seinen Zwinger Saint Hilaire und begann erneut mit deren Zucht, welche die Grundlage für kommende Generationen war.

Wie alle langhaarigen Vorstehhunde wirkt auch der Epagneul Français sehr elegant. Er deckt in idealer Weise jene Anforderungen, die man an einen Vorstehhund stellt.

Epagneul Français

53

Eine sehr gute Nasenleistung, sicheres Finden, Vor- und Durchstehen sind selbstverständlich.

Suche und Buschieren sind überragend, der Apportiertrieb ist ihm angeboren. Die Rasse zeigt eine rasche Auffassungsgabe, und die Härte gegen äußere Einflüsse ist bemerkenswert. Führerbezogenheit und Gehorsam sind sprichwörtlich.

Größe: Rüde 55 bis 61 cm; Hündin 54 bis 59 cm; 2 cm Toleranz nach unten und oben sind erlaubt. Die Farbe ist ein weißer Grund mit braunen Platten. Zu viele Sprenkel sind unerwünscht. Die Färbung des englischen Setters und des Epagneul Picard ist nicht erlaubt.

*Zwei prächtige
Epagneul Français*

EPAGNEUL PICARD

Genau wie der Epagneul Français, so fand auch der Epagneul Picard Freunde im damaligen französischen Königshaus. Der Picard und sein schwarz-grauer Bruder, der Bleu de Picardie, sind Hunde ihrer nordfranzösischen Heimat, der Picardie.

Zur Picardie gehören die Departements Oise, Aise und Somme – eine Landschaft, die vielfältig gegliedert ist und von Feld, Wald und Wasser geprägt ist. Genau dafür ist der Epagneul Picard der richtige Hund. Der Picard ist ein Kind seiner Heimat geblieben. Noch heute liegt der Schwerpunkt der Zucht in der Picardie, mit dem Schwerpunkt im Departement Somme.

Epagneul Picard

Drei Epagneul Picard mit einem Epagneul Français (2. von rechts)

Der Epagneul Picard ist von der Figur her der kräftigste unter den französischen Langhaar-Rassen – ein „Arbeitstier" sozusagen.

Seine Zuverlässigkeit erstreckt sich auf Nachsuchen, er zeigt absolut keine Furcht vor Sauen. Zu seinen weiteren Stärken zählen seine große Wasserpassion und eine ruhige Suche sowie eisernes Vorstehen. Überdies ist er „winterfest", wie man sehen kann.

Bereits im Jahre 1908 als eigenständige Rasse angemeldet und anerkannt, schaffte er aufgrund seines Jagdverstandes und seiner Passion in sehr kurzer Zeit den Durchbruch.

Größe: Rüde und Hündin 55 bis 61 cm. Eine Toleranz von 2 cm nach unten und oben ist erlaubt.

Die Farbe des Epagneul Picard ist dunkelbraun mit grauen Platten am ganzen Körper, lohfarbenen Abzeichen an den Läufen, vor allem am Fang und über den Augen.

Auch eine Variante in Grauschimmel ist erlaubt. Zuviel Weiß ist nicht erwünscht.

Die Rute sollte eine schöne Fahne aufweisen.

EPAGNEUL BLEU DE PICARDIE

Epagneul Bleu de Picardie

Der Epagneul Bleu de Picardie ist ebenso wie der Epagneul Picard ein Vorstehhund aus Nordfrankreich.

Entstanden ist der Bleu Picard aus einer Mutation der Farbe des Epagneul Picard.

Die Rasse wurde 1512 erstmals urkundlich erwähnt. König Ludwig XII. bedankte sich in einem Brief für zwei Epagneul Bleu Picards.

Die nordfranzösische Linie ist in der Figur dem Picard vergleichbar, die in Südfrankreich ist feingliedriger.

Das Charakteristische dieses Vorstehhundes sind seine unerschütterliche Ruhe und seine unbändige Passion. Ansonsten hat er dieselben Eigenschaften wie der Epagneul Picard. Ausgeprägter ist vielleicht seine Schärfe.

Größe: Rüde und Hündin 55 bis 60 cm; 2 cm Toleranz sind erlaubt.

Farbe: Schwarz-Grau, grau meliert.

EPAGNEUL DU PONT AUDEMER

Ein untersetzter, kräftiger Vorstehhund mit gekräuseltem Haar, trotzdem leicht rauh und derart dicht, daß ihm Wasserarbeit selbst im Winter nicht viel anhaben kann. Seine Nase ist viel empfindlicher als die der anderen Epagnculs.

Um 1886 begann der Präsident der Sociètè Canine Havraisa, M. de Conick, mit der Selektion des Epagneul du Pont Audemer. Die Ergebnisse waren zufriedenstellend. Die Rasse breitete sich in der Normandie aus.

Größe: Rüde und Hündin 50 bis 58 cm.

Farbe: Braun oder Braun-Grau.

Epagneul du Pont Audemer

EPAGNEUL BRETON

Der „Bretone" ist ein leichtführiger, lernbegieriger Vorstehhund, ausgeglichen und stabil. Er läßt sich bis in die Zeit 200 v. Chr. zurückverfolgen. Im Mittelalter und in späteren Jahrhunderten findet er sich auf zahlreichen Abbildungen auf Gobelins und Tafelgemälden.

Ende des 19. Jahrhunderts erfolgte eine Einkreuzung von Laverack-Settern. Das Ergebnis ist der feinnasige, robuste Bretone.

Er zeichnet sich durch große Ausdauer und Belastbarkeit sowie eine weite, raumgreifende Suche aus. Überdies weist er eine bestechende Nasenleistung und großen Finderwillen auf. Absolutes Vor- und Durchstehen zählen ebenso zu seinen Vorzügen wie bester Stil und feine Manieren in der Feldarbeit. Überdies erweist er sich als überaus zuverlässig in der Arbeit nach dem Schuß. Er ist auch ein guter Apporteur, bei größerem Wild hat er aber etwas Schwierigkeiten. Ausgezeichnet ist er auch in der Wasserarbeit. Dies sind die hervorstechendsten Eigenschaften des Bretonen.

Wegen seiner Handlichkeit ist er sehr gut zu halten. Das Problem des Haltens in einer Wohnung stellt sich bei diesem Hund nicht.

Größe: Rüde 48 bis 50 cm; Hündin 47 bis 49 cm.

Farbe: 80% Rot-Weiß, in Deutschland auch Schwarz-Weiß.

Epagneul Breton

58

EPAGNEUL SAINT USUGE

Wie der Epagneul Picard ist auch der Epagneul Saint Usuge ein Kind seiner Heimat, und diese ist der Französische Jura. Das Verbreitungsgebiet umfaßt einen Kreis Mühlhausen-Macon, Lyon-Paris, im Süden die Rhone und im Osten die Schweiz.

Der kleine Vorstehhund arbeitet ausgezeichnet im Feld. Er zeigt eine Passion für Wasser und Wald. Er ist überaus leichtführig, temperamentvoll und flink.

Größe: Rüde 45 bis 54 cm; Hündin 41 bis 49 cm.

Farbe: Braun mit grauen Flecken oder Braunschimmel.

Epagneul Saint Usuge – Welpe

BARBET

Über den Barbet gibt es eine These, wonach ihn portugiesische Seefahrer aus einem nordischen Land, vermutlich Rußland, mitgebracht haben sollen.

Sein dichtes Haarkleid und sein Widerstand gegen Kälte sprechen für diese Version.

Der Barbet ist ein ausgesprochen ruhiger Hund mit einer bedächtigen Suche unter der Flinte. Er verfügt über gute Vorsteheigenschaften. In Härte und Schärfe steht er anderen Rassen nicht nach. Als ein Vorstehhund alter Provenienz hat er kein Fremdblut in seinen Adern. Schönheitskriterien spielen bei seiner Züchtung keine Rolle. Seiner ganzen Veranlagung nach entspricht er in etwa den Jagdhunden, wie sie um die Jahrhundertwende gezüchtet wurden. Seine Wasserarbeit ist überragend. In Frankreich zählt er zu den absoluten Entenspezialisten.

Größe: Rüde und Hündin von 45 bis 58 cm.

Farbe: Schwarz, Braun, cremefarben und gemischt.

Barbet

Was erwartet der Jäger von den Apportierhunden?

Im Ursprungsland England werden alle drei Schläge als reine Spezialisten für das Apportieren (to retriever) gezüchtet. Es sind leichtführige Hunde, die in allen jagdlichen Fächern eingesetzt werden können.

LABRADOR – GOLDEN – FLAT-COATED RETRIEVER

Gemeinsamer Urahne ist der St. Johns-Labrador. Der Labrador Retriever wurde erst im Jahre 1905 anerkannt. Sein Vorfahre ist der Flat-coated Retriever und der St. Johns aus Neufundland. Einschläge von Pointern und Foxhounds sind vorhanden.

Der **Labrador Retriever** ist ein kräftiger, mittelgroßer Hund mit breitem Schädel. Erlaubt ist ein braunes oder schwarzes Auge.

Labrador Retriever

61

Seine Höhe liegt zwischen 55 und 60 cm. Er hat kurzes, aber hartes Haar und eine dicht behaarte Rute, ohne Federn. Farbe: überwiegend Schwarz, ohne jeden Rost oder irgendeine weiße Zeichnung. Möglich sind auch die Farben Gelb oder Braun.

Der **Golden Retriever** mit seinem glänzenden, goldhaarigen Fell dürfte wohl der Schönste unter seinen Artgenossen sein, aber das ist, wie immer, Geschmackssache. Seine Vorfahren sind der goldfarbene Wavy-coated Retriever und der leberfarbene Tweed-Water-Spaniel. Auf dieser Grundlage wurde dann später, unter der Einkreu-

Golden Retriever

zung von Flat-coated Retrievern, Irish Settern und vielleicht auch mit sandfarbenen Bloodhounds weitergezüchtet.

Im Jahre 1913 wurde der Golden Retriever als eigenständige Rasse anerkannt.

Der **Flat-coated Retriever** ist eigentlich derjenige, der dem gemeinsamen Ahnherrn, nämlich dem kleinen Neufundländer, am nächsten kommt. Er wurde wegen seines welligen Fells auch schon Wavy-coated Retriever genannt. Setter, Sheepdogs und Waterspaniel waren seine Vorfahren.

Der Name Flat-coated Retriever wurde eingeführt, und 1898 sein Standart festgelegt.

Flat-coated Retriever

Die Farbe soll schwarz oder braun sein. Erwünscht ist eine Größe von 58 bis 61 cm beim Rüden und bei der Hündin 56 bis 58 cm.

Alle Retriever zeichnen sich durch ein sicheres und freundliches Wesen ohne Schärfe aus. Als Jagdhunde sind sie leichtführig und verrichten die ihnen gestellten Aufgaben zur vollsten Zufriedenheit.

Die größte jagdliche Passion ist die Wasserfreudigkeit. Hier wird bis zur Selbstaufgabe gearbeitet. Darüber hinaus sind sie hervorragende Apportierer, gute Buschierer und Stöberer und suchen im Feld selbständig unter der Flinte. Die Wundfährte wird konzentriert angegangen und bis zum Stück ausgearbeitet. In jeder Bewuchsart lassen sie sich auf gefallenes Wild sehr gut durch Wink und Pfiff lenken.

Die Retriever gelten als Spezialisten nach dem Schuß und zeigen gute Arbeit in allen jagdlichen Fächern.

Was erwartet der Jäger von den Stöberhunden?

Ehe wir uns mit der Aufgabe, welche die Stöberhunde haben, befassen, wollen wir uns zuerst einen Überblick über deren Herkunft verschaffen.

Bereits auf antiken römischen und griechischen Münzen, zum Beispiel auf einer Darstellung Philipps II. von Mazedonien, Vater Alexanders des Großen, finden sich Abbildungen, die den heutigen Wachtelhunden und den Spaniels sehr ähnlich sind.

In germanischen Gesetzen des frühen Mittelalters finden sich Erwähnungen des „Hapichhundes", in dem wir wohl den Ahnen des Deutschen Wachtel, also des Stöberhundes, sehen können.

Viel wichtiger als alle diese Bilder aber sind die nur spärlich vorhandenen Aufzeichnungen der Jagdklassiker. So berichtet Heppe bereits im Jahre 1751 in seinem Werk „Aufrichtiger Lehrprinz": *„Hühnerhunde, ein'ger Orten Wachtelhund genannt, sind langhaarige wohlgesetzte Mittelhunde ..."*

Mit dem Niedergang der Beizjagd, bei der Stöberhunde zum Suchen und Hochmachen des Federwildes dienten, waren die Tage dieser Jagdhundeart gezählt. Mit dem Ausbreiten der „Schießjagd", die einen Vorstehhund erforderlich machte, verschwand der Stöberhund erst recht mehr und mehr. Während bei uns die Zucht darniederlag, blühte in England die Hochzucht. In der Mitte des 19. Jahrhunderts waren unsere einheimischen Rassen bis auf einige kümmerliche Reste fast vollkommen verschwunden. Erst um 1870 erinnerte man sich wieder an diese alten Jagdhunde, und es wurde mit der Neuzüchtung begonnen.

Die Reviere wurden wieder pfleglich behandelt, und das Niederwild begann sich zu vermehren. Fasan, Hase und auch das Kaninchen – alle an Dickungen gebunden – erforderten wieder einen Stöberhund.

Die alten deutschen Stöberhunde – damals bereits „Wachtel" genannt – wurden vorwiegend in Süddeutschland gezüchtet. In Norddeutschland dagegen wurde mit englischen Stöberhunden, den Spaniels, begonnen. Für beide Rassen fanden sich Liebhaber, obgleich getrennte Wege gegangen wurden.

Im Jahre 1903 wurde der Deutsche Wachtelhundeklub und 1906 der Jagdspanielklub gegründet. Beide Rassen fanden somit Zugang zur Jagdkynologie.

In Deutschland schob sich der Wachtelhund immer mehr in den Vordergrund und wurde mit der Zeit zum Gebrauchshund für den Waldjäger schlechthin.

Der Stöberhund ist kein Vorstehhund, er ist aber überall dort unentbehrlich, wo in Wald und Busch, Schilf und Wasser gejagt wird. Von einem Stöberhund wird spurlautes Jagen, unbedingte Spursicherheit, lautes Stöbern, verläßliches Verlorenbringen, größte Wasserfreudigkeit, Raubwildschärfe sowie eine gerechte Schweißarbeit verlangt.

Unsere Stöberhunde sind im Gegensatz zum Vorstehhund Spurhalter, sie arbeiten also mit tiefer Nase. Die wertvollsten Eigenschaften unserer Stöberhunde sind das spurlaute Jagen und lautes Stöbern. Jedem Jäger sollte bekannt sein, daß nichts mehr unser Wild vergrämt als ein stumm jagender Hund. Das Wild weiß nie, wo die Gefahr lauert. Dem laut jagenden Hund gegenüber ist das Wild jedoch vertrauter. Der Schütze weiß ebenfalls immer, wohin die „Jagd" geht. Bei gut eingejagten Hunden kann man sogar am Laut erkennen, welche Wildart sie jagen.

In der Wasserarbeit kann der Stöberhund zu Höchstleistungen gebracht werden, ganz einfach deshalb, weil ihm die Wasserfreudigkeit angewölft ist. Bereits Oberländer betonte, daß der Hund mit großem Spurwillen und großer Wasserfreudigkeit auch scharf ist. Gerade der Deutsche Wachtel ist oft ein rabiater Raubzeugwürger, der rücksichtslos zugreift.

Ein Waldjäger ohne spurlauten, fährtensicheren und scharfen Hund ist nur ein halber Jäger. Ein Stöberhund gehört also unbedingt zu dieser Jagdart. Welche Rasse ausgewählt wird, bleibt jedem selbst überlassen.

DEUTSCHER WACHTELHUND

Der Deutsche Wachtel (DW) ist ein derbknochiger, sehr muskulöser, im ganzen gestreckt wirkender Jagdgebrauchshund.

Wichtigste Eigenschaft für die Verwendung vor dem Schuß ist die rassetypische Fähigkeit, bei entsprechender Einarbeitung und Praxis ein durch Umschlagen (Kreisen) und / oder Umstellen abgegrenztes Gebiet selbständig (als sogenannter Solojäger) gründlich abzusuchen und das gefundene Wild so anhaltend zu jagen, bis es den Bogen verläßt, und danach die Suche im Bogen fortzusetzen, bis kein Wild mehr dort ist.

Der DW ist eine Rasse, die auf echten Spurlaut, auf hohe Eignung zum Stöbern und zur Fährten- sowie Spurenverfolgung durchgezüchtet ist. Hinzu kommt seine sehr gute Eignung zur Schweißarbeit. Der DW ist ein passionierter Wasserhund und absolut raubzeugscharf.

Er ist ein Hund mittleren Schlages, von einer Höhe, die ungefähr 40 bis 50 cm betragen sollte. Der DW hat ein schlichtes dunkelbraunes oder schimmelfarbenes, leicht gewelltes, aber doch derbes Haar.

Deutscher Wachtelhund

JAGD-SPANIEL

Zur Familie der Jagdspanielrassen zählen der Cockerspaniel, der American Cocker, der Sussex Spaniel, der Clumber Spaniel, der Irisch Water Spaniel, der Welsh Springer Spaniel, der Field Spaniel, der English Springer Spaniel und der American Water Spaniel.

Alle Spanielschläge haben eines gemeinsam – eine ungeheure Jagdpassion.

Stellvertretend für alle Jagdspanielrassen sollen nachfolgend zwei herausgegriffen werden, nämlich der Cocker und der Welsh Springer.

Eine wahrscheinlich einmalige Aufnahme: Alle neun Jagdspanielrassen versammelt

67

COCKERSPANIEL

Der Cocker ist ein mittelgroßer, kompakter, kräftiger und emsiger Jagdhund. Im Gebäude quadratisch, vom Widerrist zum Boden wie vom Widerrist zum Rutenansatz.

Sein Haarkleid ist schlicht, seidig, eng anliegend, mit einer guten Befederung. Es ist niemals drahtig oder lockig. Nachfolgende Farben sind erlaubt: Schwarz, Rot, Blaubraunschimmel, Blauschimmel, sattes Rot mit Weiß.

Der Cockerspaniel ist eine Rasse, deren Geschichte bis in die vorchristliche Zeit zurückgeht. Die Herkunft des Namens „Spaniel" ist ungeklärt. Der Name Cocker geht auf „Woodcock" = Waldschnepfe zurück. In der heutigen Form wird der Cokker seit 1893 vom Kennel-Club als eigenständige Rasse geführt.

Der Cocker ist intelligent, lebhaft und temperamentvoll, robust und widerstandsfähig, arbeitsfreudig und zuverlässig. Er zeichnet sich weiters durch absolute Treue zu seinem Führer aus und ist ein ausgesprochener Familienhund.

Jagdliche Eignung vor und nach dem Schuß, zur spurlauten Stöberarbeit, zur Nachsuche und zum Apportieren von Kaninchen, Rebhuhn und auch Hasen.

Er ist hervorragend bei der Wasserarbeit, zum Stöbern im Schilf und Bringen aus tiefem Wasser. Weiters zeigt er auch eine gute Eignung zur Schweißarbeit auf Schalenwild. Größe: Rüden ca. 39–41 cm, Hündinnen 38–39 cm.

Cockerspaniel

WELSH SPRINGER SPANIEL

Der Welsh Springer Spaniel unterscheidet sich vom Cockerspaniel schon durch die Größe. Er ist der älteste Jagdhund Englands und die Urform aller Spanielschläge, mit Ausnahme des Clumber Spaniels. Zuerst wurde er dazu verwendet, um Hühner und Fasane in das Netz zu treiben sowie zum Auffinden und Herausstoßen des Wildes bei der Falkenbeize und der Hetze mit den Windhunden. Heute gelangt der Welsh Springer zum Einsatz, um Wild zu suchen, aufzustöbern und nach dessen Erlegung zu finden und zu bringen.

Auch auf der Rotfährte zeigt er ein hervorragendes Können.

Stöbern ist seine Stärke, überdies ist er absolut fährtentreu und auch spurlaut. Außerdem leistet er eine hervorragende Wasserarbeit und ist ein sehr guter Apportierer.

Das allgemeine Erscheinungsbild eines Welsh Springer Spaniels ist das eines symmetrischen, gut aufgerichteten und lebhaften Jagdgebrauchshundes. Von allen Spaniels steht er am höchsten auf den Läufen. Bevorzugt wird die Farbe sattes Rot mit Weiß.

*Welsh Springer
Spaniel*

Was erwartet der Jäger von den Schweißhunden?

Schon zu Zeiten Kaiser Maximilians I. war die Arbeit mit dem Leithund die Krönung des hohen Jagens. Schon damals – vor ungefähr 500 Jahren – konnte man sich auf eine Abführtradition des Leithundes, der einwandfrei der Vorfahre unserer heutigen Schweißhunde ist, berufen.

Der heutige Schweißhund ist ein Spezialist auf Schalenwild, insbesondere Rotwild, Gams und Sauen. Als Hannoveraner und Bayerischer Gebirgsschweißhund reingezüchtet, ist er ein absolut fährtensicherer Sucher. Er sollte nicht in seiner angewölften Arbeit verwässert und als sogenannter Allround-Hund, wie das heute bei vielen Rassen der Fall ist, gezüchtet werden.

Der „Hannoveraner" ist die schwere Form für das Mittelgebirge und etwas mehr im Norden zu Hause, verrichtet aber auch im Gebirge eine ausgezeichnete Arbeit. Der Bayerische Gebirgsschweißhund dagegen ist der leichtere Typ und bestens geeignet für das Hochgebirge. Trotzdem werden beide Rassen in allen Höhenlagen mit bestem Erfolg geführt.

Ein Schweißhund muß Zeit und Ruhe haben, um sich am Anschuß, an der Fährte am Schweiß festzusaugen. Das gilt übrigens für jeden Hund, der auf der Schweißfährte arbeiten soll.

*Leithundjäger
(16. Jhdt.).
Nach einer deutschen
Ausgabe des „Petrus de
Crecentiis" 1649*

*Leithundjäger
(16. Jhdt.).
Nach einer deutschen
Ausgabe des „Petrus de
Crecentiis" 1649*

Ist der Hund als Verweiser ausgebildet, so kommt er zu seinem Führer zurück und führt ihn zum verendeten Stück. Ist er aber ein Totverbeller, so hört man den klagenden Laut weithin.

Ist hingegen Standlaut zu hören, so ist äußerste Vorsicht geboten. Man pirscht sich gegen den Wind an den Ort und gibt dem Wild den Fangschuß. Gelingt dies nicht, so beginnt das Spiel von neuem.

Es ist immer wieder faszinierend, mit einem wirklich guten Schweißhund zu arbeiten. Egal, ob Sie sich für den einen oder den anderen entscheiden – beide sind prachtvolle „Gewächse" ihrer Rasse.

Illustrationen mit freundlicher Genehmigung des Vereins Hirschmann e. V.

71

HANNOVERSCHER SCHWEISSHUND

Der Hannoversche Schweißhund ist aus dem alten Leithund, der der Hundemeute vorstand, und der Roten Heidbracke hervorgegangen. Der „Hannoveraner" ist der überlegene Hirschhund am Riemen, der gewissenhaft die Fährte des kranken Stückes noch nach vielen Stunden, ja sogar Tagen, aus kalten und warmen Fährten herausfindet.

Das allgemeine Erscheinungsbild des Hannoverschen Schweißhundes ist bei harmonischer Linienführung und mittlerer Größe das Ergebnis einer naturnahen Züchtung. Typisch für seine Rasse ist, neben der roten Grundfarbe, die leicht faltige Stirn und das dunkle Auge.

Der Kopf mit kräftigem Gebiß sollte der Stärke und Länge der Körperform entsprechen. Der Fang ist kräftig, mit breiter, leicht vorspringender, zumeist schwarzer, ab und zu auch brauner, aber selten roter Nase. Der Behang ist etwas mehr als mittellang, sehr breit, in voller Breite hoch angesetzt.

Hannoverscher Schweißhund

72

Der Hals sollte lang und stark, Rücken, Lende und Kruppe, alles zusammen, und zwar vom Widerrist bis hin zum Rutenansatz, stark und elastisch sein. Die Brust ist geräumig, mehr tief als breit, die Rute hoch angesetzt, lang und ein wenig gebogen, im Ansatz sehr kräftig, zur Spitze allmählich schwächer. Sie ist an der Unterseite länger und gröber behaart, ohne eine Bürste zu zeigen, herabhängend, bei der Arbeit in lebhafter Bewegung.

Die Behaarung ist glatt und dicht. Die Farbe ist hell- bis dunkelhirschrot. Er ist mehr oder weniger stark gestromt und findet sich mit und ohne Maske.

Größe: Rüden 50–55 cm, Hündinnen: 48–53 cm.

Ein ausgeglichener und wesensfester Vertreter seiner Rasse

Was erwartet der Jäger von den Bracken?

Wir unterscheiden die Brandlbracke, die Steirische Hochgebirgsbracke, die Tiroler Bracke, die Alpenländische Dachsbracke, die Westfälische Dachsbracke und die Deutsche Bracke.

Bei allen handelt es sich um mittelgroße Jagdgebrauchshunderassen, die sich durch eine unbändige Passion, eine feine Nase, Spurwillen- und Spurlaut, Wesensfestigkeit und Schärfe auszeichnet.

Die Bracke ist der Stammvater aller Jagdhunderassen Eurasiens. Der Typ der altägyptischen Jagdhunde zeigt sehr große Ähnlichkeit mit den Bracken aus den Mittelmeerländern. Über die Römer kam diese Jagdhundeart zu den Germanen und somit nach Mitteleuropa.

Der Name „Keltenbracke" ging in die Geschichte der Kynologie ein. Von dieser Keltenbracke stammen zweifelsohne alle unseren westlichen Bracken ab.

Die Bracke gilt als Gebrauchshund für den Wald- und Gebirgsjäger. Vor langer Zeit jagte man mit ihr jedes Wild, da große, undurchdringliche Wälder vorhanden waren.

Sollten Sie jemals das Glück gehabt haben, im bunten Herbstwald den weithin hörbaren Spurlaut der Bracke zu hören, wenn die Jagd aus weiter Ferne immer näher kommt, dann wissen Sie, was Jagen heißt.

Jeder Brackenschlag gibt auch einen ausgezeichneten Schweißhund ab. Die Alpenländische Dachsbracke wurde in den dreißiger Jahren sogar als dritte Schweißhunderasse anerkannt. Bei den alten Brackenjägern gilt auch heute noch der Spruch: „Ein erstklassiger Hasenhund ist auch ein guter Schweißhund".

Im allgemeinen ist die Bracke ein gutmütiger und leicht abzuführender Jagdhund. Es bleibt dem einzelnen überlassen, welchen Schlag er sich zulegen will.

BRANDLBRACKE

Die Brandlbracke (**Österreichische Glatthaarbracke oder Vieräugl**) ist ein mittelgroßer, höchstens 52 cm hoher Jagdgebrauchshund, der aufgrund seiner natürlichen
Linien und ausgewogenen Proportionen leider auch immer wieder von Nichtjägern
heiß begehrt wird.

   Die Züchtung und Verbreitung war ein Hauptverdienst des Kärntner Jagdschutz-
vereins und einiger besonders verdienstvoller Züchter. Nach Kärnten begann auch
die Steiermark an diesem Werk mitzuhelfen.

   Der Nestor der österreichischen Brandlbrackenzucht Karl Barbalani aus Bruck an
der Mur und Herzog Ludwig Wilhelm von Bayern pflegten eine intensive Zucht-
gemeinschaft, die im Austausch von Zuchtobjekten manche hervorragende Bracke
hervorbrachte.

Zwei prächtige Brandlbracken

77

Das Haar der Brandlbracke ist dicht, voll, glatt und elastisch mit Seidenglanz, ohne Wellung, eng anliegend. Die Haarlänge beträgt etwa 2 bis 3 cm.

Die Farbe ist schwarz mit einem sogenannten gelben bis hirschroten Brand. Die Trennlinie zwischen der Grundfarbe und dem Brand sollte linienförmig verlaufen. Die Brandelung ist am Fang, über den Augen (punktförmig, daher der Name Vier-äugl), an der Brust, an den Läufen und um das Waidloch herum vorgeschrieben. Kleine weiße Abzeichen an der Brust und an den Zehen sind erlaubt.

Leider ist die rote Form der Brandl sehr selten geworden (Grundbasis für den Bayerischen Gebirgsschweißhund). Sie darf rot, rotgestichelt oder rötlichbraun sein. Bei der Roten sind ein schmaler weißer Halsring, ein Bruststern sowie weiße Abzeichen erlaubt.

Die Brandlbracke ist ein auf alle Wildarten laut jagender Hund, der sich aufgrund seiner sehr guten Nase, seines ausgeprägten Spurwillens und seiner Spursicherheit als Nachsuchenhund für alle Wildarten bestens eignet. Seine Qualitäten liegen aber nicht bloß in der Riemenarbeit, sondern auch in der Fähigkeit, schwierigste Lauthetzen erfolgreich zu beenden. Die Brandlbracke kann auch zum Apportieren abgerichtet werden; die Ausbildung ist sehr einfach. Darüber hinaus ist sie sehr anschmiegsam und kontaktbedürftig – ein Hund für die Jägerfamilie mit Kindern.

Charakteristischer Kopf der Steirischen Hochgebirgsbracke

STEIRISCHE HOCHGEBIRGSBRACKE

Wieder ein Brackenschlag, der in Österreich entstanden ist.

Sie wird auch **Steirische Rauhhaarbracke** oder **„Peintingerbracke"** genannt, nach Peintinger, der sie im Jahre 1870 aus einer Hannoverschen Schweißhündin, welche er von einer jagdlich ausgezeichneten Keltenbracke decken ließ, herausbrachte.

Die schönsten Welpen aus dieser Verbindung wurden aufgezogen und mit ihnen – unter zeitweiliger Zuführung von Schweißhundeblut sowie auch von Blut von anderen kurz- und rauhhaarigen Bracken – weitergezüchtet.

Die Steirische Bracke entwickelt aufgrund des eingezüchteten Schweißhundeblutes hohe Intelligenz und Vielseitigkeit. Im Hochgebirge sind es zwei Eigenschaften, die diesen Brackenschlag auszeichnen: eine große Unempfindlichkeit gegenüber Wetterunbilden sowie Ausdauer. In ihren jagdlichen Eigenschaften kommt sie der Brandlbracke gleich.

In den Abmessungen sollte sie 52 cm Stockmaß nicht überschreiten. Die Konturen und die körperbestimmenden Merkmale entsprechen der der Brandlbracke.

Steirische Hochgebirgsbracke

79

TIROLER BRACKE

Die Tiroler Bracke ist ein reiner österreichischer Jagdgebrauchshund, über die der Spezialist Oberforstmeister Rudolf Fries seinerzeit schrieb: „Man muß sich schon umsehen in den kynologischen Rassezuchten unter den Gebrauchshunden, bis man so eine herrliche ‚Gebrauchsfigur' findet, so einen strammen Rücken, so elfenbein-klare Knochen und Läufe, so ideal geschlossene Katzenpfoten, so vollendete Nach-hand wie bei guten Tieren dieser reinen Jägerzucht. Und einen reineren und edleren Typ des uralten Wildbodenhundes, der Hochgebirgsbracke Tirols, wird man gleich-falls nicht so leicht finden wie bei den Vertretern der Tiroler Bracke."

Ein besseres Lob konnte der Oberbayer Fries den Tirolern nicht zollen. Dem ist ei-gentlich nichts mehr hinzuzufügen.

Die Tiroler Bracke ist ein mittelgroßer rot-schwarzer Schlag. Die Grundfarbe reicht von einem tiefen Hirschrot bis Rehrot (Pflichtfarben) mit schwarzem Mantel

Tiroler Bracke

oder Sattel. Neben ihrer Arbeit als Brackierhund leistet sie eine überragende Arbeit auf Schweiß.

Für die Arbeit als Gebrauchshund des Bergjägers wird als „wetterfester Arbeitskittel" dichtes Stockhaar gefordert. Seit jeher hat sich bei der Bergjagd beim Hund eine Schulterhöhe von 42 bis 50 cm bewährt. Gut geschlossene Pfoten und ein entsprechend entwickelter Brustkorb sind ebenfalls Grundvoraussetzungen an diesen Gebrauchshund. Von den vielen Brackenfamilien, wie sie früher in Tirol beheimatet waren, sind uns nur mehr zwei Farbschläge in der Form der Roten und der Schwarz-Roten erhalten geblieben, welche teilweise mit weißen Abzeichen an der Brust und an den Läufen geschmückt sind. Die Farbe des roten Schlages ist reh- bis hirschrot.

Erstreckt sich beim schwarz-roten Schlag die schwarze Farbe zum Teil über Kopf, Rumpf und Läufe, spricht man von einem Mantelhund, wird hingegen davon nur der Rücken erfaßt, von einem Sattelhund. Gelegentlich kommen auch Vieräug'ln vor. Die Dreifarbigen sind heute noch bei vielen Jägern beliebt.

ALPENLÄNDISCHE DACHSBRACKE

Die Alpenländische Dachsbracke ist als robuster, wetterharter Jagdgebrauchshund des Bergjägers bekannt. Sie bewährt sich in schwierigstem Gelände, obgleich sie sich auch für flaches Gelände eignet und im Bringen aus dem Wasser gute Erfolge vorweisen kann. Sie ist auch unerschrocken bei der Nachsuche und beim Stellen von Schwarzwild.

Die gezeigten Leistungen bei der Schweißarbeit brachten ihr bereits 1932 die Anerkennung als dritte Schweißhundrasse ein.

Sicherer Spurlaut mit ausgeprägtem Spur- und Fährtenwillen zählen ebenso zu ihren Markenzeichen wie die laute Jagd auf Fuchs und Hase.

Der österreichische Kynologe Wilhelm Führer von Heimendorf schrieb bereits 1899: „Jene Rasse, die wir heute als Dachsbracke benennen, ist eine uralte Hunderasse. Sie bildet die Urform des Dachshundes, aus ihr wurde er geschaffen und nicht umgekehrt."

Bereits im Altertum waren Jagdhunde in Verwendung, die in ihrem Erscheinungsbild der Alpenländischen Dachsbracke verblüffend ähnlich waren. Kronprinz Rudolf

Alpenländische Dachsbracke

82

von Habsburg ließ 1881 und 1885 von seinen Berufsjägern aus Mürzsteg und Ischl Dachsbracken auf seine Jagdreisen in die Türkei und nach Ägypten mitführen.

Im Jägerhaushalt zeichnet sich die Dachsbracke durch ihre Ruhe und Menschenfreundlichkeit, besonders Kindern gegenüber aus. Diese Markenzeichen gelten jedoch nur, solange nicht der Rucksack ihres Herrn oder ein Stück Wild ihre volle Verteidigungsbereitschaft in Anspruch nimmt.

Die Alpenländische Dachsbracke war und ist niemals ein Modehund gewesen, sie sollte auch nur in Jägerhände abgegeben werden.

Im allgemeinen Erscheinungsbild ist sie eine sehr agile, kräftige, aber edle Erscheinung, mit starken Knochen, fester Muskulatur und einer groben Behaarung. Sowohl ihr Gesichtsausdruck als auch ihr Wesen sind von Klugheit und Freundlichkeit geprägt.

Die Idealgröße beim Rüden liegt zwischen 37 und 38 cm, bei der Hündin zwischen 36 und 37 cm. Die Rute sollte bis knapp über dem Boden reichen und gut behaart (Bürstenrute) sein.

Die Behaarung soll derbes Stockhaar sein, welches den ganzen Körper bedeckt, gut anliegend, sehr dicht und mit guter Unterwolle. Als ideale Farbe gilt „Dunkelhirschrot" ohne oder mit leichter schwarzer Stichelung sowie Schwarz mit rostrotem Brand an Kopf, Brust, Pfoten, Läufen und Rückenunterseite. Ohne weiße Abzeichen.

Alpenländische Dachsbracke, schwarz mit rostrotem Brand

WESTFÄLISCHE DACHSBRACKE

Die Westfälische Dachsbracke ist ein anpassungsfähiger, freundlicher Jagdgebrauchshund mit einer großen Spurpassion, einer feinen Nase und einer gehörigen Portion Schärfe – ein guter Waldgebrauchshund. Was seine jagdlichen Qualitäten betrifft, so zeichnen ihn besonders ein gutes Findevermögen auch in wildarmen Waldrevieren aus, weiters ein sicheres und spurlautes Jagen sowie ein konzentriertes Arbeiten auf der Rotfährte. Durch den niedrigen, langgestreckten Körperbau wird die Schnelligkeit und die weiträumige Jagd des lauten Jagens etwas eingeschränkt.

Die Gesamterscheinung ist die eines niedrigen, langgestreckten, kräftigen Jagdgebrauchshundes mit edlem Kopf und einem Haar, das sehr grob ist. Er ist meist dreifarbig, seltener zweifarbig: rot bis gelb mit weißen Abzeichen. Schulterhöhe 30 bis 38 cm.

Westfälische Dachsbracke

DEUTSCHE BRACKE

Seit über 100 Jahren wird in der Gegend um Olpe in Westfalen mit der Deutschen oder Olper Bracke gejagt.

Die allgemeine Erscheinung ist die eines leichten, hoch stehenden, eleganten, doch kräftig gebauten Jagdgebrauchshundes. Er sollte niemals lang im Gebäude sein. Der Kopf ist langgestreckt, trocken, leicht und der Nasenrücken leicht gewölbt. Die Nasenkuppe hat bei dunklen Hunden einen hellen, fast fleischfarbenen Streifen über der Mitte. Die Nasenflügel sind zumeist mehr oder weniger pigmentiert.

Der Hals ist mäßig lang und im Verhältnis zum Kopf ziemlich stark. Das Haar ist für einen kurzhaarigen Hund ziemlich lang, sehr dicht, hart, es kann fast als stockhaarig bezeichnet werden. Die Farbe der Deutschen Bracke reicht von Rot bis Gelb mit schwarzem Sattel und den weißen Brackenabzeichen; weiße Bläße, weißer Fang, weiße Brust, Halsring, Läufe- und Rutenspitze runden das charakteristische äußere Bild ab.

Die Deutsche Bracke ist ein ausgezeichneter Brackierer, ein feinnasiger Saufinder bei Drück- und Treibjagden, ein sehr guter Arbeiter auf der Schweißfährte und ein verläßlicher Verlorenbringer von Hase, Kaninchen und kleinerem Haarwild.

Größe: 40–53 cm Schulterhöhe.

Deutsche Bracke

85

Was erwartet der Jäger von den Erdhunden?

Als sogenannte Erdhunde werden alle Jagdhunderassen bezeichnet, die dem Raubwild unter der Erde nachstellen.

Es handelt sich um folgende Rassen: den Teckel, Dachshund oder Dackel, wie er je nach Land genannt wird, den Deutschen Jagdterrier, den Foxterrier und den Parson Jack Russel-Terrier. Allen ist gemeinsam, daß sie auch im Jagdbetrieb über der Erde ausgezeichnete Arbeit verrichten.

DACHSHUND – DACKEL – TECKEL

Egal, wie er, je nach Land und Landstrich, genannt wird, er bleibt immer der gleiche liebenswerte Jagdkamerad und auch der Hund für die Familie. Wer ihm einmal verfallen ist, kommt nicht mehr von ihm los.

Fachleute haben einmal nachfolgenden Ausspruch getan:

> *Er besitzt Schönheit, ohne eitel zu sein,*
> *Kraft ohne Vermessenheit,*
> *und Mut und Trotz...*
> *alles Tugenden des Menschen,*
> *aber ohne seine Schwächen.*

Der Dachshund dürfte wohl den ausgeprägtesten Charakter unter unseren Jagdhunden besitzen. Wer ihn richtig zu nehmen weiß, hat den besten Jagdkameraden, den es gibt. Der Dackel war immer ein schneidiger Kämpfer unter der Erde. Es gibt viele Jäger, die für die Bodenjagd nichts oder nicht viel übrig haben, weil sie meistens nicht nur für den Dackel, sondern auch für den Jäger mit harter körperlicher Arbeit verbunden ist. Und leichter wird es den Bodenjägern in der heutigen Zeit nicht gemacht.

Dabei wird vergessen, daß die Bodenjagd zum größten Teil in die jagdarme Zeit fällt und somit eine willkommene Abwechslung bietet. Außerdem bringt sie manchem Jungjäger, der einen Dachshund führt, in den meisten Fällen auch noch andere jagdliche Einladungen.

Der Dachshund, Teckel oder Dackel ist seit über einem Jahrhundert der beliebteste Kleinhund. Seine Treue, seine Schneid und seine Passion haben den kleinsten vierläufigen Jagdgefährten in Jägerkreisen längst seine Anerkennung finden lassen.

Kurzhaar-Dackel

Die Vielseitigkeit in seinen jagdlichen Qualitäten ist längst dokumentiert. Egal, ob es spurlautes Jagen über der Erde oder Wasser- bzw. Schweißarbeit ist, er leistet überall beste jagdliche Arbeit. Seine meist große Schärfe wird ergänzt durch eine hervorragende Nase, die ihn aufgrund seiner Statur zur Schweißarbeit geradezu prädestiniert. Auf das Brackenerbe ist es zurückzuführen, daß der Dackel einen hervorragenden Spurlaut hat, der seinem Herrn, in Verbindung mit seiner Jagdleidenschaft im Revier, besonders bei der Waldjagd sehr viel Freude bereitet.

Immer noch kursiert das Märchen vom dickschädeligen und eigensinnigen Dakkel, dem mit nichts Gehorsam beizubringen ist und der schlecht führig sein soll. Alle diese Behauptungen sind ganz einfach falsch.

Allgemeines Erscheinungsbild: niedrige, kurzläufige, langgezogene, aber stramme Gestalt mit guter Bemuskelung. Trotz der im Verhältnis zum langen Körper kurzen Gliedmaßen wirkt er weder krüppelhaft noch plump oder in der Bewegungsfähigkeit eingeschränkt noch wieselartig schmächtig.

Es gibt drei Haararten: den Kurzhaar-, den Rauhhaar- und den Langhaar-Dackel.

Die Behaarung des **Kurzhaar-Dackels** sollte kurz, dicht, glänzend, glatt anliegend sein. Die Farbe reicht bei Einfarbigen von Rot über Rotgelb, Gelb, alles mit oder ohne schwarze Stichelung.

Rauhhaar-Dackel

Zwei „Charakterköpfe"

Bei Zweifarbigen: Tiefschwarz oder Braun bzw. Grau mit rostbraunen oder gelben Abzeichen.

Der **Rauhhaar-Dackel** ähnelt im allgemeinen Erscheinungsbild dem Kurzhaar. Die Gesamtbehaarung muß so wirken, daß der rauhhaarige Dachshund aus der Ferne gesehen dem Kurzhaardackel gleicht. Der Rauhhaar sollte einen schönen Bart haben. Bei der Haarfarbe wird Saufarben und Dürrlaubfarben bevorzugt. Weiße Abzeichen an der Brust sind zwar erlaubt, aber nicht sehr erwünscht.

Das unterscheidende Merkmal zwischen **Kurzhaar-** und **Langhaar-Dackel** ist allein die längere, seidenartige Behaarung. Das weiche, schlichte, glänzende Haar verlängert sich unter dem Hals, der ganzen Unterseite des Körpers, erst recht am Behang und an der Hinterseite der Läufe zu einer hervorragenden Feder und erreicht seine größte Länge an der Unterseite der Rute.

Außerdem gibt es bei allen drei Haararten noch drei verschiedene Größen. Den normal großen Dachshund mit einem Brustumfang von über 35 cm, den Zwergdackel mit einem Brustumfang bis 35 cm im vollendeten Alter von 15 Monaten und den Kaninchenteckel mit einem Brustumfang bis 30 cm im vollendeten Alter von 15 Monaten.

Die beiden kleineren Dachshundearten sollten in der Behaarung, in der Farbe, überhaupt in allen Teilen und Eigenschaften ihren großen Vettern des Normalschlages wohlproportioniert gleichen.

Langhaar-Dackel

DEUTSCHER JAGDTERRIER

Der Deutsche Jagdterrier ist eine verhältnismäßig junge Jagdhunderasse. Drei Männer können für die Anfänge der Jagdterrierzucht verantwortlich zeichnen: Zangenberg, Grünenwald und Fries. Sie gründeten im Jahre 1922 – gemeinsam mit Dr. Lackner – den Deutschen Jagdterrierclub.

Die Anfänge der Zuchtversuche reichen bis 1918/19 zurück. Begonnen wurde mit dem Kauf eines Wurfes von vier rauhhaarigen Foxterriern, die vom eigentlichen Verband nicht zur Zucht zugelassen wurden, weil sie angeblich nicht dem Standard entsprochen haben.

Woher die schwarze Farbe gekommen war, konnte sich niemand erklären. Hinzu kam noch ein Schuß Rot. Jedenfalls waren die damaligen Initiatoren froh, einen Jagdfoxterrierstamm mit Jagdfarbe zu haben. Das Erstaunliche an der ganzen Geschichte aber war, daß gerade dieser Wurf, das heißt, die heranwachsenden Junghunde sehr große jagdliche Fähigkeiten hatten.

Deutscher Jagdterrier

Diese sogenannten Stammhunde wurden mit den alten erprobten Jagdfoxterriern nach strenger Auslese gekreuzt. Alle Tiere, die zu viele weiße Zeichen hatten, wurde nicht wieder zur Zucht verwendet. Langsam setzte sich die dunkle, schwarz-rote Farbe durch. So entstand der Deutsche Jagdterrier. Heute sind viele dieser Jagdgebrauchshunde mit höchsten Bewertungen im deutschen und in vielen anderen europäischen Gebrauchsstammbüchern eingetragen.

In der Gesamterscheinung ist der Deutsche Jagdterrier ein kräftiger, mittelgroßer, gut proportionierter Jagdgebrauchshund mit rauher oder glatter dichter Behaarung und Kippohren. Die Farbe ist schwarz mit rotem oder gelbem Brand, braun, saufarben, jeweils auch mit rot-braunen Abzeichen.

Er ist intelligent, lebhaft, scharfsinnig, wachsam, schneidig und fährtenlaut. Alles in allem ein passionierter Waldgebrauchshund, der ausschließlich in die Hand eines Jägers gehört.

Größe: Zwischen 33 und 40 cm Schulterhöhe.

Seine jagdlichen Qualitäten kann man folgendermaßen umschreiben: ein absoluter Spezialist in der Bauarbeit. Er eignet sich vor allem als Spurlautjäger zum Stöbern auf Sauen und Niederwild, zur Arbeit nach dem Schuß bei der Nachsuche auf krankes Wild, zur Wasserjagd durch Stöbern im Schilf und Bringen aus tiefem Wasser sowie zum Apportieren von Fasan, Taube, Rebhuhn und Kaninchen.

FOXTERRIER

Der Foxterrier ist ein Jagdgebrauchshund von recht bestimmtem Wesen, er ist gutartig gegenüber Menschen sowie intelligent und vor allen Dingen hochpassioniert bei der Jagd. Er ist mit dem Deutschen Jagdterrier auf eine Stufe zu stellen.

Der Foxterrier wurde ursprünglich bei den Reitjagden mitgeführt, um den einen Bau oder Durchlaß annehmenden Fuchs zu sprengen und so den Fortgang der Jagd zu sichern.

Die ältere Form ist der **Glatthaarfoxterrier,** erst Jahre später tauchte der **Rauhhaarfoxterrier** auf.

Am 1. Februar 1889 wurde der „Deutsche Foxterrier-Club" mit Sitz in Leipzig gegründet. Ab 1890 wurde ein eigenes Stammbuch, der Grundstein für das heutige Zuchtbuch, geführt. Im Jahre 1909 wurde der „Deutsche Foxterrier Verband e.V." (DFV) gegründet, und nach Satzungsänderung erfolgte ab 1982 die Gründung „Jagdlicher Arbeitsgemeinschaften", die sich den jagdlichen Belangen des DFV widmeten.

Seine Gesamterscheinung ist die eines quadratisch aufgebauten, gut bemuskelten Jagdgebrauchshundes. Die Schulterhöhe der Rüden sollte 39 cm nicht übersteigen.

Beim Glatthaar ist das Haar schlicht und anliegend, hart, dicht und reichlich. Auch Bauch und Schenkel sollten gut behaart sein.

Der Drahthaar hat ein krauses, geschlossenes Haar, ähnlich einer Kokosmatte, mit dichtem,

Glatthaarfoxterrier

93

aber weicherem Unterhaar. Das Deckhaar darf leicht gewellt oder gekräuselt, aber nicht gelockt sein.

Die Farbe ist beim Glatthaar weiß mit schwarzen oder braunen Abzeichen.

Beim Drahthaar meist farbig, weiß mit braunen und schwarzen Abzeichen.

Das Ursprungsland des Foxterriers ist England. Seine jagdlichen Qualitäten sind vielseitig. Natürlich steht an erster Stelle die Baujagd, gefolgt von der Jagd auf Sauen. Ansonsten kann er, bei einer gerechten Abführung, auf allen Gebieten, wie zum Beispiel der Deutsche Jagdterrier, Verwendung finden.

Alle leisten bei der Riemenarbeit auf Schweiß gute Dienste. Die jagdlichen Qualitäten erstrecken sich bei allen Schlägen auf die Wasserarbeit, auf Stöbern und sonstige Arbeiten im Wald.

Rauhhaarfoxterrier

PARSON JACK RUSSEL-TERRIER

Sein Name geht zurück auf den englischen Pfarrer Jack Russel, der im Jahre 1795 in Devon (England) geboren wurde und in der Ortschaft Swymbridge wirkte.

Für die Züchtung einer besonderen Terrierlinie, die er damals „Fuchs- und Otter-hunde" nannte, gewann er nationalen Ruhm. Er kreuzte Sealyham-Terrier mit Fox-terriern und erzielte damit, daß sein „Jack Russel" etwas höher auf den Beinen stand.

Vom „Jack-Russel-Terrier-Club of Great Britain" wurde ein „Introductory-Book" herausgegeben, in welchem diese Terrierart genau beschrieben ist. Lange Zeit hat sich der Jack-Russel-Club gesträubt, irgendeinem Hundeverband beizutreten. Das Nichteintreten begründete man damit, daß diese Hunderasse durch zu viele Aus-stellungen verwässert und somit für die ursprüngliche Arbeit, nämlich den Jagdge-brauch, ungeeignet würde – eine Sorge, die nicht ganz unbegründet war. Mittler-weile ist dieser Jagdhund von den Jagdgebrauchshundeverbänden anerkannt.

Parson Jack Russel-Terrier

Im jagdlichen Einsatz ist er für alle Raubzeugarten, insbesonders für die Arbeit im Bau, zu gebrauchen. Eine seiner hervorstechendsten Eigenschaften ist sein Mut, ohne daß er aggressiv oder gar bösartig wird. Bei großer Wesensfestigkeit zeigt er sich zurückhaltend oder freundlich, wie er es gerade für notwendig hält.

In seiner Gesamterscheinung ist er ein derber, zäher Terrier, dessen Schulterhöhe zwischen 23 und 37 cm liegt. Er ist sehr viel und gern auf den Beinen. Seine Körperlänge muß im Verhältnis zur Höhe stehen, und er sollte eine feste, ausbalancierte Erscheinung sowie eine solide, kräftige Kondition aufweisen.

Er ist größtenteils ein Glatthaar. Das Haar sollte möglichst hart und dicht sein, damit es dem Körper im Gelände und unter der Erde einen gewissen Schutz bietet. Außerdem gibt es Terrier mit rauhhaarigem oder „broken coated"-Fell, dessen Haar nicht wollig sein darf.

Die Grundfarbe muß weiß sein, mit lohfarbenen, schwarzen oder braunen Abzeichen.

Ein Parson Jack Russel-Terrier sollte auf keinen Fall irgendwelche besonderen charakteristischen Merkmale einer anderen Hunderasse zeigen.

Was erwartet der Jäger von den Laufhunden?

Der Schweizer Laufhund, zum Beispiel, läßt sich bis in die Zeit der Kelten zurück-verfolgen. So kommt es sicher nicht von ungefähr, daß gerade dort, wo sich der Keltenstamm am längsten aufgehalten hat, die Laufhunde ihre faszinierendste Form gefunden haben. In diesem Zusammenhang muß man unwillkürlich an das Kloster Einsiedeln in der Schweiz und ganz besonders an das Kloster des heiligen Hubertus in den Ardennen denken.

Das interessanteste und wohl wichtigste Dokument über Jagdhunde aus der kelto-romanischen Zeit der Schweiz ist das Mosaik aus Aventicum, das 1735 in den Ruinen einer römischen Villa gefunden und von einem Mann namens Ritter kopiert wurde. Später wurde es während des Franzoseneinfalls vernichtet.

Dieses Mosaik zeigt unter anderem einen kurzhaarigen Hund mit Hängeohren und dunkelbraunen Platten auf weißem Untergrund.

In der zweiten Hälfte des 18. Jahrhunderts waren Schweizer Laufhunde vor allen Dingen in Frankreich berühmt geworden. Man nannte sie „Chiens suisses blancs et oranès". Anschließend gingen die Züchter der französischen und schweizerischen Laufhunde wieder getrennte Wege, denn während die Franzosen einen großen und sehr schnellen Hund für ihre Parforcejagden bevorzugten, mußten die Schweizer eher einem kleineren, aber dafür wendigerem Hund den Vorzug geben. Bei der ersten Schweizer Hundeausstellung wies ein deutscher Richter, sein Name war Lang, erstmals in der Öffentlichkeit auf die alten schweizerischen Laufhund-schläge hin. Kurze Zeit später wurden die Laufhunde als eigenständige Rasse anerkannt.

Bei der Internationalen Hundeausstel-lung in Zürich im Jahre 1894 kamen die Schweizer sogar mit einem eigenen Ge-denkblatt.

Um die Laufhunde und deren Züchter und Führer zu organisieren, wurde im Jahre 1903 der Schweizerische Laufhun-de-Club gegründet.

Gedenkblatt an die Internationale Hundeaus-stellung in Zürich 1894

SCHWEIZER LAUFHUND

Die eigentliche Jagdart der Laufhunde ist das Brackieren auf der Übernachtfährte des Haarwildes. Gewünscht wird das von den Jägern, und auch die Laufhunde jagen so am liebsten – im Meuteverband. Dabei kann jeder der Hunde seine Jagdpassion, seine Fährtenreinheit und seinen Spurlaut beweisen. Für die Laufhunde, die im Gebirge jagen, kommt überdies die Ausdauer hinzu.

Aufgrund seiner hervorragenden Nase ist der Laufhund gut zur Fährtenreinheit zu erziehen, das prädestiniert ihn für die Arbeit auf Schweiß.

Der Schwyzer, Luzerner, Berner, Jura oder der rauhhaarige Laufhund haben die gleichen Rassekennzeichen, mit Ausnahme der Behaarung und der Farbe.

Das Haar ist immer sehr dicht, kurz- oder stockhaarig, dabei etwas kürzer am Kopf und am Behang. Die Farbe ist vielseitig, so ist sie zum Beispiel beim Jura-Laufhund einfarbig gelbbraun, rotbraun mit schwarzem Sattel, auch schwarz mit gelb-roten Abzeichen. Ab und zu findet sich ein weißer Fleck auf der Brust.

Die Farbe des **Luzerner Laufhundes** ist dicht grau-weiß gesprenkelt, mit größeren dunklen oder schwarzen Platten, Feuerflecken am Kopf oder gelbbraune Abzeichen, Platten und Schattierungen am Kopf, am Bauch und an den Läufen. Beim **Schwyzer Laufhund** ist sie überwiegend weiß mit größeren oder kleineren tiefroten oder gelb-roten Platten.

Der **Berner Laufhund** ist immer dreifarbig: weiß, schwarz und braun oder auch rostbraun. Er kann auch weiß sein, mit großen schwarzen Platten und einzelnen schwarzen Tupfen, weiters mit roten Feuerflecken über den Augen und am Fang, mit gelblichen Flecken innen an den Ohrlappen und mit einem gelben Waidloch.

Der **Rauhhaar-Laufhund** kann alle Farben vertragen, mit der Ausnahme Schwarz, Schokoladenbraun oder luzernenfarbig.

Alle Schläge sollten eine Mindesthöhe von 40 cm nicht unterschreiten.

SCHWEIZER NIEDERLAUFHUND

Der Anlaß zur Züchtung eines Niederlaufhundes war das Verbot des Kantons Aargau, mit Hunden von über einer Risthöhe von 36 cm zu jagen. Andere Kantone folgten.

Man wollte das von Südbaden eingewechselte Rehwild im Land halten, und dies war mit den schnellen Laufhunden von über 60 cm Risthöhe, die noch dazu laut jagten, schwer möglich.

Es passierten in jener Zeit die kuriosesten Dinge, nur um das Rehwild zu schonen. So kaufte zum Beispiel ein B. J. Seiler alle Laufhunde rings um sein Revier auf, es waren insgesamt 38 Stück, und führte sie anderen Zwecken zu. Um einen Niederlaufhund auf die „Beine" zu bringen, wurden wieder einmal die Dachsbracken hergenommen, auch der Dachshund war wieder im Gespräch. In diesen Streit griff der damalige Jägerhauptmann Laska ein und empfahl, die alten Laufhunderassen mit dem französischen Basset zu kreuzen. Es begann eine wilde Überkreuzzüchtung. Ein gutes Dutzend Bassets wurde mit den Dachshund-Laufhunden-Bastards gekreuzt. Hinzu kamen noch Dachsbracken und die normalen Laufhunde.

Der Zentralvorstand der Schweizerischen Kynologischen Gesellschaft machte dem Durcheinander ein Ende. Er beschloß, die Dachsbrackenklasse auf den Ausstellungen zu streichen und dafür eine Klasse für Niederlaufhunde einzuführen. Diese Maßnahme verursachte im

Jura Niederlaufhund

Luzerner Niederlaufhund

Rauhhaariger Berner Niederlaufhund

100

benachbarten Ausland schon einiges Kopfschütteln. Die Schweizerische Dachs-bracke wurde nicht mehr anerkannt; somit war der Schweizer Niederlaufhunde-Club geboren.

Mit dieser Maßnahme war zwar der Niederlaufhund auf dem Papier entstanden, in Wirklichkeit wurde eifrig weitergemischt. Mit der Zeit kristallisierte sich dann doch der typischste, nämlich der Rot-Weiße Laufhundeschlag, heraus. Erschwerend war beim Zuchtaufbau auch die Tatsache, daß einem Rüden viel mehr Bedeutung zuge-messen wurde. Auch heute sind noch manche Züchter dieser Rasse der Meinung, der Rüde vererbe stärker als die Hündin, was schlichtweg falsch ist.

Dem Schweizer Niederlaufhunde-Club ist zugute zu halten, daß von Anfang an Prüfungen durchgeführt wurden. Bereits im Jahre 1916 wurde die erste Schweiß-prüfung organisiert. Mit diesen Maßnahmen setzte sich der Niederlaufhund durch.

Als Standard wird ein ausgesprochener Laufhundetyp in verkleinertem Maßstab gefordert. Das Haar sollte kurz, stock- oder rauhhaarig sein. Als Farbvariationen werden Schwarz, Rot, Weiß und Varianten verlangt. Die Schulterhöhe sollte zwi-schen 30 und 38 cm liegen. Der Niederlaufhund wird als Schweißhund und auch für die Bodenjagd verwendet. Er ist fährtentreu und zeigt Spurlaut, und noch immer zählt die laute Jagd an einem Tag im Herbst, mit dem glockenhellen Geläute der Hunde, zu den schönsten Jagderlebnissen.

Schwyzer Niederlaufhund

BASSET HOUND

Die bekanntesten bei uns vorkommenden Basset-Rassen sind der eigentliche schwere Basset Hound, der Basset-Artesien-Normand und der Basset-Griffon-Vendeen. Darüber hinaus gibt es noch weitere Basset-Hound-Rassen, die aber in jagdlicher Hinsicht nicht in Erscheinung treten.

Der Basset wird der Gruppe der Laufhunde zugerechnet, in England zeigt er auch seine hervorragenden Eigenschaften als Meutehund. Die Liebhaber dieses für die Jagd durchaus zu gebrauchenden Hundes mögen mir verzeihen, wenn ich ihn hier bei den Laufhunden eingestuft habe, aber da gehört er nun einmal hin.

Das schließt aber nicht aus, daß der Basset ein guter Brackierer und darüber hinaus ein brauchbarerer Schweißhund ist.

Der Vorfahre des Bassets wie auch manch anderer Jagdhunde ist kein geringerer als der „Chien de St. Hubert", also der Hund, mit dem laut Überlieferung der Schutz-

Basset Hound

patron aller Jäger, St. Hubertus, bereits im 7. Jahrhundert jagte. Ab dem 19. Jahrhundert war diese Jagdhunderasse in ihren Ursprungsländern Belgien und Frankreich nicht mehr zu finden. Wie bereits erwähnt, fließt das Blut dieser Jagdhunde in vielen nachfolgenden Jagdhundeschlägen.

Der Name „Basset" tauchte erstmals im Jahre 1585 auf, zuvor war immer nur die Rede von dem berühmten „St. Hubertus-Hund". Zu Zeiten Wilhelms des Eroberers wurde diese Hunderasse auch in England eingeführt. Kenner der Materie behaupten, den Engländern sei es zu verdanken, daß es diese Hunderasse überhaupt noch gibt.

Der Basset besitzt aufgrund seines Körperbaus jene charakteristischen Merkmale, die ihn befähigen, Spuren, sei es beim Brackieren, beim Stöbern oder bei der Schweißarbeit, zu halten und somit zu helfen, das Wild zur Strecke zu bringen.

Er ist ein niederläufiger Hund mit einem schweren Knochenbau, der seiner Größe entspricht. Sein Temperament ist sanft, er neigt nicht zur Schärfe oder Scheue. Überdies ist er von ungewöhnlicher Ausdauer sowie von einer ausgeprägten Treue und Ergebenheit gegenüber seinem Führer. Seine Augen, die stets einen etwas traurigen Blick ausstrahlen, ein Charakterzug des Basset, sollten braun bis dunkelbraun sein.

Die Höhe eines Bassets sollte 35 cm nicht übersteigen. Als Farben sind alle Jagdhundefarben erlaubt. Das Haar ist glatt und kurz, mit einer genügenden Dichte.

Der Basset-Artesien-Normand zeigt dieselben Merkmale wie der eigentliche Basset, er ist nur etwas schlanker und höher.

Der Basset-Griffen-Vendeen unterscheidet sich vom Basset-Artesien-Normand wiederum durch sein längeres, rauhes Haar, das nicht zu lang, niemals seidig oder wollig sein darf und keine Locken bildet.

Was erwartet der Jäger von den Meutehunden?

Meutehunde werden heutzutage überwiegend nur noch in England verwendet. Ihre explosive Passion strahlen sie bereits vor der Jagd aus. Auf den Britischen Inseln wird den Hundemeuten auch zu Fuß gefolgt.

FOXHOUND

Der Foxhound ist ein kräftiger, muskulöser Meutehund. Er darf weder zu hohe noch zu niedrige Läufe haben, soll aber „über viel Boden stehen" und dabei kurz im Rücken bleiben.

Foxhound- und Beagle-Meute vor der Jagd

Die Rute sollte hoch angesetzt, gerade oder leicht aufwärts, aber nicht gekringelt getragen werden. Das Haar soll von mittlerer Länge, geschlossen und hart sein.

Die Farbe: dreifarbig: weiß-schwarzgelb.

Experten sind sich einig, daß der englische Foxhound aus einer Kreuzung zwischen dem alten Normannenhund und sehr wahrscheinlich verschiedenen Spürhundrassen stammt. Die urkundliche Erwähnung einiger Meuten geht bis ins frühe 18. Jahrhundert zurück. Die englische „Master of Foxhound-Association" führt ihr Zuchtbuch seit 1880.

Der Foxhound ist ein idealer Meutehund mit ausgeglichenen Qualitäten jagdlicher Begabung. Ein normaler Jagdtag hinter dem Fuchs bedeutet in England oder Irland etwas 20 bis 40 Meilen, davon 15 bis 30 Meilen in angestrengtem Tempo in Verfolgung des Wildes.

BEAGLE

Der kleinste englische Meutehund zur Jagd auf Hasen zeigt eine kräftige Bemuskelung von Rücken und Läufen bei guter Balance zwischen Vor- und Hinterhand. Der genügend breite, langgestreckte Kopf mit ausdrücklichem „Stop" (plattgedrückte Nase) wird von einem kräftigen, nicht zu kurzen Hals getragen. Die leichten, dennoch festen Behänge sind tief angesetzt, liegen flach an und ragen nicht über die Winkel des Fangs hinaus.

Der Brustkorb ist breit und tief, um der Lunge genügend Raum zu geben. Gut gewinkelte Vorder- und Hinterläufe stehen gerade, auf geschlossenen Pfoten. Die kräftige, genügend hoch angesetzte Rute, die nicht über den Rücken gezogen getragen wird, endet stets mit einer weißen Spitze (Spiegel). Die Schulterhöhe sollte 40 cm nicht überschreiten. Das Haar ist ein dichtes, mittellanges Stockhaar. Es darf jede „hound colour" zeigen. Die alte Weisheit gilt auch auf dem Kontinent: „A good hound is never a bad colour" (ein guter Hund hat niemals eine schlechte Farbe). Zweifarbige und dreifarbige Hunde können abgesetzte Platten zeigen oder auch Mischungen in den Farben Weiß, Lohbraun, Zitronengelb, Schwarz, wobei die Zusammensetzung Schwarz-Weiß ungewöhnlich und häufiger bei bestimmten französischen Meuten anzutreffen ist. Die Farbmischungen erscheinen hasenfarben, dachsfarben mit weißen Abzeichen und Platten.

Beagle

Was erwartet der Jäger von den Nordischen Jagdhunden?

In den weiten menschenleeren Gebieten nördlicher Breiten sind die Hunde als Jagdhelfer unerläßlich und seit Menschengedenken bekannt. Gejagt wird mit ihnen in den Tundren, hauptsächlich aber im dichten, großwildreichen Waldgürtel der nördlichen Region.

Alle Nordischen Hunde sind durch das rauhe Klima und die hohen Leistungsansprüche, die an sie gestellt werden, geprägt. Sie lassen sich auch ohne Einschränkung in unseren Breitengraden halten, wenn gewisse Grundregeln beachtet werden.

Ausdauer, Selbständigkeit, Nervenstärke, Mut, Wetterfestigkeit und das Vermögen, sich eng an seinen Führer oder an dessen Familie zu binden, zeichnen den Nordischen Jagdhund aus. Die Nordischen Jagdhunde sind entwicklungsgeschichtlich nicht, wie fast alle mitteleuropäischen Jagdhunde, auf den Keltischen Segustierhund zurückzuführen, sondern haben eine eigene Wurzel in den frühen Nordlandhunden, insbesonders dem Dänischen Torvmosehund.

Sie sind echte Naturburschen und unterlagen nie irgendwelchen Modezuchteinflüssen; eine sprunghafte oder unkontrollierte Vermehrung fand bisher nicht statt. Sollte sich also jemand dazu entschließen, einen Nordischen Jagdhund anzuschaffen, so sei hier darauf hingewiesen, für fußkranke Jäger sind diese Hunde nicht geeignet. Sie sind außerdem keine Wohnungshunde und brauchen Sommer wie Winter ihren Platz im Freien. Kann der Interessent diese Bedingungen nicht erfüllen, dann sollte er die Finger davon lassen.

Es gibt folgende Nordische Jagdhunderassen:

Grauer Norwegischer Elchhund
Schwarzer Norwegischer Elchhund
Jämthund (Großer Schwedischer Elchhund)
Karelischer Bärenhund
Finnenspitz
Lundenhund
Norbottenpets
Russisch-europäische Laika
Karelo-finnische Laika
Westsibirische Laika
Ostsibirische Laika

Zwei Nordische Jagdhunde – der Jämthund (Großer Schwedischer Elchhund) und die Westsibirische Laika – sollen stellvertretend beschrieben werden.

JÄMTHUND (Großer Schwedischer Elchhund)

Der Jämthund soll kräftig und quadratisch sein, wetterfest und ein guter Läufer. Das Haar ist eng anliegend, mit kurzer, weicher Unterwolle, am Kopf und der Vorderseite der Läufe kurz und glatt, an der Brust, am Hals, an der Rute und an der Rückseite der Läufe etwas länger.

Die Farbe ist dunkel- oder hellgrau, schwarze Rückenpartien sind erlaubt. Am Fang, an der Kehle und am Bauch hat er weiße bis helle Abzeichen. Sie sind ein charakteristisches Merkmal für den Jämthund.

Der Rüde ist beim Jämthund zwischen 58 und 63 cm hoch, die Hündin hat eine Größe von 53 bis 58 cm.

In seiner jagdlichen Eigenschaft ist er ein Stöberhund, der überwiegend auf der Gesund- und Schweißfährte des Elchwildes geführt wird. In seiner Arbeit auf dieses große Wild ist er unerschrocken, ja geradezu verwegen.

Der Jämthund muß durch freies Stöbern den Elch finden, ihn verfolgen und stellen. Er folgt dem Wild lautlos, und letztendlich stellt er den Elch durch Umkreisen und anhaltendes Verbellen. Beim selbständig jagenden Jämthund werden besonders die Suche und der Wirkungsgrad, den Elch zu finden, stark gefördert. Darüber hinaus wird auf das Kontakthalten des Hundes mit seinem Führer betont Wert gelegt.

Der Jämthund ist jederzeit in der Lage, Großwild durch Nachsuchen auf der Schweißfährte zu finden.

Jämthund (Großer Schwedischer Elchhund)

WESTSIBIRISCHE LAIKA

Die Westsibirische Laika ist ein sehr populärer Hund, weil universell verwendbar. Sie ist ein sehr lebhafter Jagdhund von mittlerer Größe mit einem quadratischen, muskulösen Körperbau. Die mittelgroßen Augen sind dreieckig und schräg eingesetzt; die Augenfarbe vorzugsweise dunkelbraun.

Die Farben reichen vorzugsweise von Rotbraun, Grau, Schwarz oder Weiß bis Gelb.

Die Widerristhöhe des Rüden beträgt 52 bis 60 cm, die der Hündin 50 bis 58 cm.

Die herausragenden Eigenschaften der Westsibirischen Laika sind ihre jagdliche Passion und der Mut beim Stellen und Halten des Wildes. Sie ist ein stummer Jäger, erst nach dem Stellen des Wildes gibt sie anhaltenden Laut. Sollte das Wild erneut fliehen, verfolgt sie es wiederum stumm, um es beim erneuten Stellen wieder laut zu verbellen. Sie hält ständig Kontakt zum Jäger durch Rapportieren im Abstand von ca. 20 Minuten und versucht, den Jäger an das Wild heranzuführen. Eine Nachsuche auf der Schweißfährte ist selbstverständlich.

Westsibirische Laika

DIE WELPENAUSWAHL

Wer sich als Jäger einen Welpen, ganz gleich welcher Jagdhunderasse, zulegen will, sollte auf eine sogenannte „Promenadenmischung" verzichten und nur einen Hund kaufen, der in ein Zuchtbuch eingetragen ist. Aber selbst da gibt es einige Rassehunde, die wegen ihrer Schönheit und Anhänglichkeit mehr als Haus- und Renommierhunde gezüchtet werden, obwohl sie zur Gattung der Jagdhunde gehören.

Um welche Art es sich handelt, braucht nicht erst aufgezählt zu werden, denn jeder von uns kennt diese Wohlstandshunde. Für den Jäger kommt selbstverständlich nur ein Welpe aus einer jagdlich guten Zucht in Frage. Mit bemerkenswerter Hingabe geben sich die einzelnen Zuchtvereine Mühe, leistungsgerechte Welpen zu züchten. Es gab Zeiten, wo das absolut nicht der Fall war. Bei der Auswahl eines Welpen aus einem Wurf ist Vorsicht geboten. In vielen Fällen vermag nur der Kenner den richtigen Hund auszuwählen. Auf keinen Fall sollte der Kauf zu früh getätigt werden; wir alle wissen, daß er nicht vor der achten Woche erfolgen soll. Am Futternapf lassen sich die Welpen sehr vorteilhaft auf ihre Figur und ihre Rassenmerkmale prüfen. Hierbei ist dem Kopf besondere Aufmerksamkeit zu schenken. Er muß in seinem Größenverhältnis zum Gesamtkörper passen. Wir werden feststellen, daß die Kopfform bei Welpen und bei ausgewachsenen Hunden ganz verschieden ist. Das bei den meisten Rassen verlangte dunkle Auge läßt sich schon im Welpenalter sehr gut erkennen. Auch der Ohrenansatz zeigt früh, wie sich das Ohr entwickeln wird.

Dem Gebiß ist bereits im Welpenalter unbedingt besondere Aufmerksamkeit zu widmen, denn schon beim Milchgebiß kann festgestellt werden, ob es sich um einen Über- oder Unterbeißer handelt. Beide Gebißformen sind bei den Jagdhunderassen Fehler.

Weimaraner „Ausflug"

109

Die Farbe der Nase läßt sich noch nicht mit Gewißheit prüfen, zeigt jedoch mit einiger Bestimmtheit, wie sie einmal wird. Sehr deutlich lassen sich am Futternapf auch der Stand, die Vorder- und Hinterhand, Rücken, Schulter, Rute und Rutenansatz begutachten. Der Rücken ist bei den meisten Jagdhunderassen stramm und gerade, die Länge dagegen verschieden. Von fast allen Rassen verlangt man einen starken Knochenbau. Das sollte sich schon im Welpenalter zeigen. Auch die gewünschten Farben lassen sich im Welpenalter feststellen, und es kann je nach Geschmack ausgewählt werden.

Alle diese Punkte sollten gewissenhaft und sorgfältig beachtet werden. Nur so wird man die einzelnen Fehler und Pluspunkte feststellen können. Wenn es die Entfernungen erlauben, sollte man sich den Wurf beim Züchter bereits in der zweiten Woche näher ansehen. Die Welpen sind in dieser Zeit ganz schön rund geworden und einige sind dabei, in puncto kräftigem Wuchs ihre Geschwister zu übertreffen. Diese werden im Kampf um das Gesäuge der Hündin oft Sieger bleiben.

Der nächste Besuch beim Züchter sollte erfolgen, wenn die Welpen ca. vier Wochen alt sind. In den häufigsten Fällen wird bereits zugefüttert. Wie bereits erwähnt, sind solche Welpen, die sich mit ihren Geschwistern um das Futter raufen, besonders zu beachten. Ganz abgesehen vom kräftigen Wuchs, zeigt ein Welpe dieser Art schon erste Wesensfestigkeit. Selbst der unerfahrene Hundekäufer kann erkennen, daß einige Welpen bereits zutraulich sind und ein Händeklatschen sie nicht abschreckt. Andere dagegen betrachten den fremden Eindringling mißtrauisch, ja sogar überängstlich, und ziehen sich in eine Ecke zurück. Der Waidmann, der später einen brauchbaren Jagdgehilfen haben möchte, wird diese Welpen nicht erwerben, da sie bereits eine gewisse Wesensfestigkeit vermissen lassen.

Ein lockerer Hals, schon im Welpenalter, ist immer ein gutes Zeichen und hoch einzuschätzen. Selbstverständlich muß man den Gesundheitszustand des Welpen in Augenschein nehmen. Auch hier ist die beste Gelegenheit das Beobachten beim Fressen und Spielen. Gesunde Welpen haben immer Appetit, sie sind die ersten und letzten an der Schüssel und lassen sich von keinem anderen verdrängen. Auch im Schlaf lassen sich diese nicht leicht stören. Weiches, glänzendes Fell ist immer ein Zeichen von Gesundheit, ebenfalls eine feuchte und vor allen Dingen kalte Nase.

Wer sich die Mühe macht, auf diese Weise zu selektieren, wird seine Wahl im allgemeinen nicht zu bereuen haben. Er hat aller Voraussicht nach einen guten und gesunden Jagdgehilfen erstanden, an dem er seine Freude haben wird. Alles andere liegt nun an einer gesunden Aufzucht und an einer guten Führung. Die richtige Auswahl ist freilich schwierig, besonders für den Anfänger. Ein Tip kann hier noch gegeben werden: Der Züchter oder seine Angehörigen haben einen oder mehrere besondere Lieblinge, die sie in den meisten Fällen unbewußt immer wieder streicheln oder irgendwie auf eine andere Art bevorzugt behandeln. Der Käufer sollte darauf bestehen, einen dieser Welpen zu bekommen. Ich habe zum Beispiel mit dem Kauf meines Rüden mit dieser Methode ein Glückslos gezogen.

DAS ABRICHTEN DES JAGD-GEBRAUCHSHUNDES

Der Weg vom Welpen zum Jagdgebrauchshund

Ist nun der richtige Welpe ausgesucht und nach Hause gebracht worden, so wird er in den ersten Tagen seine Stimme hören lassen. Hier beginnen oft schon die ersten Fehler in der Haltung sowie besonders in der Erziehung. Der Hund wird von allen Familienangehörigen verwöhnt und verhätschelt. Das Hundefutter sollte auf jeden Fall für einen Fleischfresser geeignet sein. Abfälle von Mahlzeiten verfüttert man den Schweinen und nicht seinem Hund.

Am besten ist es, wenn diejenige Person, die später mit dem Hund arbeitet, das Futter reicht. Überhaupt sollte diese sich um den Welpen und späteren Junghund kümmern, da der Hund als zukünftiger Jagdgehilfe jene Person als Meuteführer anerkennen soll.

Hat sich der Welpe eingewöhnt, so denke man langsam an das Entwurmen und Impfen. Eine Impfung sollte auf keinen Fall erfolgen, wenn der Welpe erst kurze Zeit im Haus ist; er würde es als Strafe empfinden. Es ist für ihn ohnehin schon schwierig genug, sich an die neue Umgebung zu gewöhnen – ohne Mutter und ohne Geschwister.

Früh übt sich...

111

Ein Welpe, der später ein guter Gebrauchshund werden soll, braucht für eine gute Muskelbildung viel Bewegung. Nicht den Apportierbock sollte er als erstes kennenlernen, sondern das Laufen. Nur eine gut entwickelte Lunge und ein gesundes Herz gewähren später die Ausdauer, die verlangt wird. Der Hund sollte ja später den Hasen noch auf tausend Meter bringen. Wer an heiße Tage während der Hühnerjagd denkt, weiß, welche Kondition der Hund mitbringen muß. Nur der in der Jugend richtig gefütterte und gehaltene Hund kann später das halten, was man sich von ihm erhoffte.

Mit dem täglichen Auslauf ist es aber nicht getan. Der Welpe sollte schon sehr früh mit Wild zusammengebracht werden. Er spürt so von Anfang an, was da läuft und fliegt, geht ihn nichts an. Es ist später ein Leichtes, sollte er doch einmal hetzen, ihn mit einer geringen Strafe davon zu überzeugen, daß er dies nicht tun soll. Der Hundeführer sollte auf keinen Fall dulden, daß der Hund von Anfang an hetzt. Er soll die Spur eines Wildes aufnehmen, dazu gehört, daß er die Nase am Boden hat und zur sorgfältigen Suche und nicht zur Sichthetze angehalten wird. Sollte eine Veranlagung zum Spurlaut vorhanden sein, so wird sie dadurch gefördert. Es gibt keine schönere Musik, als wenn so ein kleiner Wicht bereits seine glockenhelle Stimme auf der Spur erklingen läßt.

Die jagdlichen Triebe, die hoffentlich in dem Welpen vorhanden sind, sollte der Jäger systematisch fördern. Der Welpe muß von Anfang an mit dem Pfiff vertraut gemacht werden. Der Welpe oder Junghund sollte von Anfang an wissen, daß er auf den Pfiff zu seinem Herrn zurückzukommen hat, ansonsten kann es passieren, daß dieser wie vom Erdboden verschwunden ist. Mehrmaliges Verstecken, so daß der Junghund seinen Herrn suchen muß, wirkt oft Wunder.

Zu oft sollte diese Praxis allerdings nicht geübt werden, sonst kann es vorkommen, daß sich der Hund nicht mehr von seinem Führer wegzugehen wagt.

Bei all der Arbeit sollte auf keinen Fall gutes Lob für gute Arbeit vergessen werden. Ein guter Bissen, den der Ausbilder immer in der Hosentasche haben sollte, wirkt Wunder. Es darf auch nicht zuviel gestraft werden, da der Hund ja noch ein Kind von fünf bis sieben Monaten ist. Immer muß der Grundsatz gelten: Häufiges Üben ersetzt die Strafe.

Viele Jäger sind nicht nur Hundeliebhaber, sie verstehen auch, mit Hunden umzugehen und sie gewissenhaft aufzuziehen. Was die persönlichen Voraussetzungen angeht, so sei hier erwähnt, daß die Aufzucht eines Welpen gar nicht so schwierig ist, wie allgemein angenommen wird.

Je nach Veranlagung und Wesen des Hundes ist aber oft harte Arbeit notwendig. **Man muß über sehr viel Freizeit verfügen, über sehr viel Geduld und Ausdauer, um das Ausbildungsziel zu erreichen, und das sollte sehr hoch angesetzt werden.** Schon viele haben vorzeitig aufgegeben.

Abschließend sei zu diesem Thema noch bemerkt: Falls jemand die Voraussetzungen für die Haltung eines Welpen erfüllen kann, sollte er versuchen, sich seinen Jagdgehilfen selbst großzuziehen und abzurichten, er wird später reichlich belohnt und sehr viel jagdliche Freude haben.

Niemand sollte in den Fehler verfallen, aus einem Hundekind schon einen Jagdgebrauchshund machen zu wollen.

Eine gewisse Erziehung ist notwendig, und damit beginne man früh: Dazu gehört die Leinenführigkeit, die damit beginnt, daß man den jungen Hund erst einmal an sein Halsband gewöhnt und dann später an die Leine. Auch das Gehen bei Fuß kann dem jungen Hund beigebracht werden. Alles sollte aber spielerisch versucht werden, denn auch der heranwachsende Hund muß seine Jugend ausleben können und sollte genügend Zeit zum Spielen bekommen. Die eigentliche Dressur ist eine andere Sache, über die später gesprochen werden soll.

Welche Veranlagungen muß ein Jagdhund haben, um ein guter Gebrauchshund zu werden?

1. **Eine gute Nase**
2. **Einen lockeren Hals**
3. **Wesensfestigkeit**
4. **Schärfe**
5. **Spurwille und Spursicherheit**

Grundsätzlich muß betont werden, daß ein Jagdhund immer praxisnah abgerichtet und abgeführt werden sollte. Ein Jagdhund, der auf Prüfungen Hervorragendes leistet, nur weil er dafür dressiert wurde, in der Praxis aber versagt, bereitet keinem Jäger große Freude. Weiterhin bleibt zu beachten, daß ein abgeführter Jagdhund immer in der Übung bleiben soll, nur so kann er einmal Erlerntes behalten. Nur Übung macht den Meister. Wichtige Voraussetzung für das Abrichten eines Jagdhundes ist der tägliche Umgang mit ihm. Dazu gehört das Füttern, die Pflege und alles, was dazu geeignet ist, sein Vertrauen zu gewinnen. Es sollte kein Jäger auf den Gedanken kommen, den Hund vermenschlichen zu wollen, das akzeptiert dieser nicht. Das Gegenteil sollte der Fall sein: Der Jäger muß versuchen, sich in den Hund hineinzudenken.

Der wichtigste Punkt aber ist: Geduld und nochmals Geduld. Nichts übers Knie brechen. Mit einem Gewaltakt kann der Hund für immer verdorben werden. Der

Jäger, der von Haus aus ein „Hundemensch" ist, wird sich naturgemäß leichter tun als der, der vorerst keine Bindung zu einem vierbeinigen Jagdgenossen hatte.

Die Erziehung beginnt schon im frühesten Welpenalter, und sie ist keinesfalls mit Dressur, also der Abrichtung auf Spezialgebiete, zu verwechseln. Was der Jäger seinem Jagdhund im Welpenalter beibringen oder abgewöhnen kann, erleichtert ihm hinterher diese Arbeit sehr und erspart ihm viel Ärger.

Noch etwas sollte nicht vergessen werden: Gerade der Junghund braucht viel Bewegung und in besonderem Maße der Zwingerhund. Nur im Revier sammelt er seine ersten Eindrücke und Erlebnisse. Der dauernde Umgang mit Menschen weckt seine Intelligenz und erst recht sein Verständnis für unsere Sprache. Aus diesem Grund sollte auch der Zwingerhund täglich ein paar Stunden direkten Umgang mit seinem Herrn haben und nicht nur im Zwinger eingesperrt sein.

Ein Wort noch zum Verhalten im Stadtverkehr. Sehr viele Hunde werden durch das Verschulden ihrer Führer überfahren. Letzterer sollte seinen Hund deshalb von Anfang an daran gewöhnen, daß er den Gehsteig nur verlassen darf, wenn er vorher das Kommando „Sitz" befolgt hat. Bei sehr starkem Verkehr sollte der Hund ohnehin immer angeleint sein.

Was kann der Jäger seinem Jagdhund in der Dressur beibringen?

1. **Stubenreinheit**
2. **Leinenführigkeit und „Gehen frei bei Fuß"**
3. **Sitzen und Ablegen**
4. **Apportieren**
5. **Totverweisen und Totverbellen**

Welche Abrichtungsgegenstände brauchen wir?

1. **Würgehalsband,** das auf Zug arbeitet.
2. **Umhängeleine,** die mit einem Spezialschloß versehen sein sollte, damit der Hund schnell geschnallt werden kann.
3. **Apportierbock,** wenn möglich mit auswechselbaren Holz- und Metallscheiben, damit das Gewicht vergrößert oder verkleinert werden kann.
4. **Schweißhalsung,** die nicht auf Zug arbeiten darf.

5. **Schweißriemen,** der mindestens 6 Meter lang sein muß.
6. **Trillerpfeife,** wenn möglich eine doppelseitige, die auf der einen Seite trillert und auf der anderen einen scharfen Pfiff ertönen läßt.
7. **Feld- oder Dressurleine,** die aus Hanf sein sollte und eine Länge von mindestens 10 Metern haben muß.

Wichtiger Hinweis!

Bevor es mit dem Abrichten losgeht, sollte bedacht werden, daß man es mit einer lebenden Kreatur zu tun hat. Bei aller Konsequenz, die beim Abrichten notwendig ist, sonst erreicht man nichts, muß dem Hund eine gewisse Freiheit gelassen werden, besonders jungen Hunden. Lassen Sie ihn, nach getaner Arbeit, ruhig mit ihren Kindern toben. Der Hund wird dadurch aufgeschlossener und lernwilliger. Diese Methode können Sie allerdings nur anwenden, wenn Sie ihn als Welpe erworben haben.

Einen Jagdhund mit Liebe abrichten, das heißt, ihn dazu zu bringen, daß er voll für die Jagd zu gebrauchen ist, das haben schon manche versucht und sind daran oft gescheitert.

Die Stubenreinheit

Einen Welpen oder Junghund, den man nicht ständig unter Kontrolle hat, kann man praktisch nicht zur Stubenreinheit erziehen. Auch bei unserem Jagdhund ist alles Gewohnheit. In der ersten Zeit hält die Hündin das Lager peinlich sauber, sie verschlingt alles, was an Kot und Urin von den Welpen anfällt. Ist der Welpe aber in der Lage, auch nur ein Stückchen von seinem Lager wegzukriechen, so wird er sein „Geschäft" schon nicht mehr an seiner eigentlichen Lagerstätte verrichten. Das ist von der Natur wunderbar geregelt. Einige Wochen später wird der Welpe seine Wurfkiste oder Hütte überhaupt nicht mehr beschmutzen. Jetzt kommt bereits die Zeit, so etwa in der zehnten bis zwölften Woche, in der wir den Welpen alle ein bis zwei Stunden ins Freie tragen und ihn an einen bestimmten Platz bringen, an dem er sich dann lösen kann. Es ist ratsam, die erste Zeit den Kot und Urin liegenzulassen, denn der Welpe erkennt sehr schnell, was hier zu tun ist. Schon nach kurzer Zeit werden wir an seinem Gebaren merken, daß er raus muß.

Natürlich gibt es auch Unterschiede. Der eine Welpe hat eine fast angeborene Stubenreinheit, der andere ist nur sehr schwer zu erziehen. Auf jeden Fall ist darauf zu achten, sollte doch einmal im Zimmer etwas passieren, die Stelle peinlichst sauber zu machen, denn jeder Welpe geht mit hundertprozentiger Sicherheit wieder an diesen Platz, und die ganze bisherige Erziehung war umsonst.

Es gibt allerdings auch ausgewachsene Jagdhunde, die ihr „großes Geschäft" in der freien Natur verrichten und das „kleine" grundsätzlich an einer Sofaecke oder irgendwo sonst im Zimmer. Da wurde einiges versäumt in der Erziehung. Hier nützt allerdings nur eine harte Strafe. Wenn ein Welpe sich im Zimmer gelöst hat, wäre es vollkommen sinnlos, ihn zu schelten, und wenn es auch nur kurze Zeit danach ist, denn ihm fehlt in diesem Alter noch der Sinn für die Zusammenhänge. Ein anderer Fehler sollte allerdings auch nicht unterlaufen, nämlich den Hund gegen Nachmittag mit dem Futter kurz zu halten, damit er in der Nacht „durchhält", denn dies ist ohnedies nicht zu erzielen. Außerdem erreicht man mit dieser Methode, daß der Welpe falsch ernährt wird.

Der Welpe wird bei einem konsequenten Halten des Hundeführers und seiner Familienangehörigen sehr schnell stubenrein. Auf keinen Fall darf aber die Erziehung zur Stubenreinheit in Tierquälerei ausarten.

Die „Leinenführigkeit", „Gehen frei bei Fuß" und „Sitz"

Unter **„Leinenführigkeit"** versteht der Jäger, wenn der Hund an lose hängender Leine auf der linken Seite folgt, ohne vorzuprellen oder gar zu zerren oder seitlich auszuscheren und ähnliche Dinge. Der Hund sollte sich dem Führer immer anpassen, ganz gleich, ob dieser langsam oder schnell geht. Die Leinenführigkeit beginnt schon mit dem Anlegen einer kleinen Halsung im Welpenalter von acht bis zehn Wochen. Die erste Zeit wird der kleine „Wicht" kratzen und winseln, aber schon nach einigen Stunden hat er sich an sein erstes Halsband gewöhnt, es ist bald kein Fremdkörper mehr für ihn.

Sehr wichtig ist, daß der Welpe bereits sehr früh an seinen Namen gewöhnt wird. Gleichzeitig sollte er herangepfiffen werden, und zwar immer mit dem gleichen Pfiff. Jeder wird merken, daß der kleine Hund auf den Ruf „hier" und den Pfiff sehr schnell kommt. Vorerst ist für ihn zwar alles nur ein Spiel, aber ein kleiner Belohnungshappen zeigt ihm, daß es sich lohnt, zu seinem Herrn zu kommen.

Die ersten Übungseinheiten sollten auf einer Wiese oder im Garten durchgeführt werden, denn Wild braucht er vorerst nicht in die Nase zu bekommen. Es soll schon vorgekommen sein, daß bereits der Kleinste dieser Spur gefolgt ist, und aus war es mit den ersten Erfolgen.

Hat sich der Welpe an das Halsband gewöhnt, so kann mit dem Anlegen einer „Leine" begonnen werden. Diese Leine besteht vorerst aus einem Stück Schnur, das

116

lose auf dem Boden liegt. Die „Leine", die am Halsband befestigt wird, werden wir von·Zeit zu Zeit ergreifen, so merkt der Hund, daß er angehängt ist. Unter gleichzeitigem Locken und unter ganz leichtem Zwang wird der Hund dann herangeholt. Haben wir das geschafft, dann darf es natürlich nicht an Liebkosungen fehlen: Kraulen am Behang und am Kopf hat jeder Hund sehr gerne. Die Gewöhnung an die

Leine erfolgt sehr rasch, wenn nicht zuviel Druck ausgeübt wird. Es sollte hier alles vermieden werden, was den Hund ängstlich macht. Diese Übung wird laufend wiederholt, dabei darf die Belohnung nicht vergessen werden, und jeder wird sehr rasch merken, daß es gar nicht so schwierig ist, den Hund leinenführig zu machen. Hat sich der Hund erst einmal an die Leine gewöhnt, so werden wir feststellen, daß er sich, wenn er die Leine sieht, richtig freut, denn er weiß, daß es ins Revier geht. Sollte der Hund aus irgendeinem Grund einmal bestraft werden müssen, so darf dies niemals mit der Leine geschehen.

Gehen, angeleint

Zu beachten ist grundsätzlich, daß Leinenführigkeit erst geübt werden kann, wenn sich der Hund an die Leine gewöhnt hat. Vorerst wird er das Verbleiben an der linken Seite seines Herrn eher als unangenehm empfinden. Hier muß der Abrichter dafür sorgen, daß sich diese Unannehmlichkeit in eine Annehmlichkeit wandelt. Mit der Zeit wird daraus auch Gewöhnung. Wenn der Hund die Neigung hat, vorzuprellen, und das hat jeder, so muß Zwang auf ihn ausgeübt werden. Er wird dann sehr schnell merken, daß nur der Platz an der linken Seite des Jägers für ihn angenehm ist, und er wird in kurzer Zeit diesen Platz nicht mehr verlassen. Eine einfache Methode ist, sich eine dünne Rute abzuschneiden und an der Spitze die Blätter daranzulassen. Mit diesen Blättern tupfen Sie ihm leicht auf die Nase. Allein schon das Rascheln der Blätter erschreckt ihn und er wird zurückgehen.

Der schon sehr früh an das Gehen an der Leine gewöhnte Hund, der mit deren Anblick etwas Schönes verbindet, wird durch tägliche zwanglose Übungen fast von alleine leinenführig. Nach der ersten Zeit des eher Spielens als Arbeitens wird es langsam Zeit, daß das, was der Jäger unter Leinenführigkeit versteht, durch straffere Übungen erreicht wird. Langsam kann jetzt mit Wendungen begonnen werden, denn

der Hund sollte ja praxisnah ausgebildet werden. Man beginne also mit dem Umgehen von Bäumen, dabei muß unbedingt beachtet werden, daß der Hund jede Bewegung mitmacht.

Für die Abrichtung **„Frei bei Fuß"** oder „Angeleint" muß nachfolgender Grundsatz strengstens befolgt werden: Jeder Hund neigt dazu, im Augenblick des Schnallens wild davonzustürmen, ohne auch nur einen Augenblick auf das Kommando „Voran" zu warten. Um ihm das abzugewöhnen, gibt es nur eine Möglichkeit, indem wir dem Hund, der an der kurzen Leine nebenherläuft, noch eine lange Schnur an der Halsung befestigen, wobei wir beide Enden in der Hand halten, um ihn jederzeit loslassen zu können, wir ihn damit aber auch rigoros zurückholen können. Erst auf unser Kommando kann er losstürmen.

Gehen, frei bei Fuß

Wichtig ist, daß der Hund nur auf Kommando vorauseilen darf! Hier muß mit äußerster Strenge durchgegriffen werden. Sie trägt sehr viel zur Festigung des Erlernten bei. In der Zeit, in der die Leinenführigkeit geübt wird, wird immer wieder das Wort *„Fuß"* gebraucht, und so wird eines Tages der Moment kommen, an dem wir den Hund während des Gehens schnallen können.

Nicht immer wird das gutgehen. Ergeben sich hier anfangs Schwierigkeiten, so muß unverzüglich auf die Leinenführigkeit zurückgegriffen und eine entsprechende Strenge auf den Hund ausgeübt werden. Die Übung muß dann immer wieder durchgehechelt werden, bis es eines Tages richtig klappt.

Anfangs sollte der Führer nur geradeaus gehen oder leichte Bogen machen, mehr links- als rechtsherum, denn beim Linksgehen wird der Hund Ihnen am Anfang immer zwischen den Beinen hängen. Der Hund, der sich im Laufe der Zeit an die Gangart seines Führers gewöhnt hat, wird mit der Zeit jede Bewegung mitmachen. Es kann auch mit einem leichten Stoß durch das Knie nachgeholfen werden. Bei allem „Gehen frei bei Fuß" sollte aber nicht vergessen werden, daß nur der angeleinte Hund voll in der Gewalt seines Führers ist.

Gleichzeitig mit der Leinenführigkeit wird der Hund auch das Sitzen lernen, wobei das Kommando *„Sitz"* gebraucht wird.

Der Befehl **„Sitz"** ist in allen Fällen der Auftakt zu irgendeiner Arbeit. So wird der herbeigerufene oder -gepfiffene Hund vor dem Anleinen auf das Kommando „Sitz" hören. Bevor er dann einmal das Kommando „Apport" hört, soll er ruhig neben dem Jäger, wieder auf der linken Seite, in dieser Stellung verharren.

Das Kommando „Sitz" bringen wir dem Hund bei, indem wir dem herankommenden, dann angeleinten Hund die eine Hand unter den Fang legen und mit der anderen Hand, unter dem Ruf „Sitz", energisch die Hinterhand hinunter drücken. Diese Übung muß so lange wiederholt werden, bis sie klappt. Jeder kann sich gewiß an die Bilder bei Treibjagden erinnern, auf denen der Hund seinem Herrn das Wild bringt, ihn beim Herankommen umtanzt und nicht im Traum daran denkt, sich niederzusetzen. Zu guter letzt wirft er dem Jäger auch noch das immerhin apportierte Wild vor die Füße.

Das alles kann bei Beginn der Dressur durch fleißiges Üben verhindert werden, oder haben Sie noch keinen Hund gesehen, der seinen Führer durch den Sturzacker schleift? Meistens führen dann auch noch die an Statur kleinsten Führer die größten „Brocken" von Vorstehhunden.

Eine der wichtigsten Übungen, vielleicht die notwendigste überhaupt, ist, dem Hund das sogenannte „Ablegen" beizubringen. Wenn er diese Übung beherrscht, die in den meisten Fällen mit dem englischen Kommando „Down" oder mit „Halt" eingeleitet wird, sind ihm alle anderen Gehorsamsübungen leichter, ja sogar spielend beizubringen. An dieser Stelle muß einmal gesagt werden, daß jeder Abrichter seine eigenen Methoden hat.

„Sitz"

119

Wie soll man dem Hund das „Ablegen" beibringen?

Kommando „Down"

Zuerst einmal wird in einem geschlossenen Raum begonnen. Grundsätzlich sollte darauf geachtet werden, daß mit dem Kommando *„Down"* auch ein Triller aus der Pfeife erfolgen muß. Dadurch ersparen Sie sich später das Herumgebrülle in der Gegend. Von Anfang an muß dem Hund die richtige Grundhaltung beigebracht werden, nämlich Kopf auf die Vorderläufe und die Rückhand angezogen. In dieser Zeit nur mit dem angeleinten Hund üben. Diese Methode ist sehr zweckmäßig; sie nimmt dem Hund jede Ausweichmöglichkeit. Gleichzeitig wird mit dem Kommando und dem Pfiff auch die rechte Hand gehoben. Diese Handbewegung ist deshalb von größter Wichtigkeit, weil der Hund später ja nur noch auf Sichtzeichen in die „Down"-Lage gehen soll. Es gibt wohl nichts Nervenderes, als wenn ein Jäger im Revier dauernd seine Trillerpfeife in „Betrieb" hat und der Außenstehende meinen muß, er befände sich auf einem Rangierbahnhof. Aus diesem Grund habe ich einmal versucht, einen Junghund ganz ohne Trillerpfeife abzurichten, was mir jedoch nicht gelungen ist. Der durchdringende Pfiff muß auf das Gehör des Hundes eine besondere Wirkung haben.

Der junge Hund wird sich zunächst weigern, auf das Kommando „Down" in die von Ihnen gewünschte absolut unterwürfige Haltung zu gehen. Dem kann man nachhelfen, indem die Leine unter dem rechten Schuh, und zwar unter dem Absatz und Vorderteil, durchgezogen wird. Gleichzeitig mit dem erfolgten Kommando zieht der Abrichter die Leine mit der rechten Hand zurück, der Hund wird so gezwungen niederzugehen.

Diese Lektion muß täglich mehrmals wiederholt werden. Ganz hartnäckige Lehrlinge verlangen ab und zu eine härtere Hand.

Erst wenn die Übung mit dem Hund an der Leine sicher sitzt, wird er abgeleint und die Übung wiederholt. Ist sich der Abrichter im klaren, daß der Hund sein Kommando verstanden hat, kann er dieses im Freien wiederholen, aber auch hier muß der Hund zuerst wieder angeleint sein. Dem Jagdhundeabrichter soll hier abschließend

zu diesem Thema ein Rat mitgegeben werden: Die Übung „Down" nie ohne Hilfs-
riemen beginnen! Dieser zwingt den Hund erstens in die Down-Lage, zweitens dazu,
den Kopf vorschriftsmäßig zwischen den Vorderläufen zu halten, und drittens, sich
nicht zu widersetzen. Es ist ein kurzer Riemen oder Strick, der zusätzlich an der
Halsung befestigt ist und auf den der Hundeführer steigt, sobald der Hund „Down"
gegangen ist.

Sitzt erst einmal das Kommando „Down", so bedeutet die Übung „Platz" ein Kin-
derspiel. Im Gegensatz zu „Down" braucht unser Jagdhund beim Kommando
„*Platz*" den Kopf nicht auf die Vorderläufe zu legen, was ihm natürlich lieber ist.

Ich bin bis jetzt immer in der
Weise vorgegangen, daß ich dem
Hund im Haus beigebracht habe,
auf den Ruf „Platz" zu seiner La-
gerstätte zu gehen, wo ich ein klei-
nes Tuch – etwa von der Größe ei-
nes halben Meters – hineingelegt
habe. Dieses hat die Witterung des
Hundes angenommen, es wurde
von mir auch im Revier verwendet.
Der Hund wurde von mir unter dem
Hochsitz abgelegt, und zwar auf das
Tuch, so wurde ihm ein vertrautes
Lager vorgetäuscht.

Die erste Zeit lege ich den Hund
nur angeleint ab, d.h. ich lasse ihn
„Platz" gehen, denn die Verlockun-
gen unter einem Hochsitz sind
groß. Erst dann gebe ich ihm das
Kommando „Down". Auch bin ich
immer eine Zeitlang bei ihm geblieben. Erst nach der dritten, vierten

Down-Lage

Übungslektion habe ich ihn allein liegen gelassen und bin auf den Hochsitz gestie-
gen. Zuvor habe ich mir ein paar Fichtenzapfen oder ähnliches in die Tasche ge-
steckt. Diese Dinge erweisen sich als überaus hilfreich, wenn sich der Hund nun
doch erhebt: Wirft man ihm einige dieser Gegenstände von oben auf den Körper,
nimmt er sofort wieder Platz.

Nach einer gewissen Zeit waren wir beide soweit, daß mir der Hund mit seiner guten Nase längst vorher anzeigte, daß etwas im Anmarsch war, ehe ich etwas be-
merkte.

Schußfest

Einen jungen Hund schußfest zu machen, heißt, ihn an den Schuß zu gewöhnen. Er muß also dazu gebracht werden, daß er sich nach dem Schuß vollkommen ruhig verhält. Dieses Verhalten muß ihm nicht erst beigebracht werden, wenn der junge Hund zur Jagd mitgenommen wird, sondern bereits bevor man mit ihm zu jagen beginnt.

Jeder muß sich darüber im klaren sein, daß bei einem jungen Hund – auch wenn er noch so gut ausgebildet und voller Jagdleidenschaft ist – eines Tages diese Passion mit ihm durchgehen wird. Alles Trillern, Pfeifen, Rufen wird nicht helfen, er ist dann auf und davon.

Auf jeden Fall muß die Übung „Down" weit vor der Übung „Schußfest" durchgenommen werden und sitzen.

Der Hund wird am Waldrand in die Down-Lage gebracht. Wir gehen mit der Flinte blitzschnell in Anschlag, und wenn sich der Hund bei Abgabe des Schusses erhebt, dann wird er mit einem Triller wieder in die Down-Lage gebracht. Hier muß ab und zu schon ein wenig Druck ausgeübt werden.

Selbstverständlich wird der Schuß in einiger Entfernung vom Hund abgegeben, und sicherheitshalber kann unser Lehrling auch angeleint werden. Bei dieser Übung werden mehrere Schüsse abgegeben und zwar sooft, bis sich der Hund an den Knall gewöhnt hat. In den meisten Fällen wird das nach drei bis vier Übungsstunden der Fall sein. In der ersten Zeit wird der Hund einige Unruhe zeigen, aber auch das wird sich bald verlieren.

Erst, wenn unser Hund ruhig in vorschriftsmäßiger Down-Lage liegenbleibt, entfernen wir uns weiter von ihm, und zwar so, daß er uns nicht mehr sehen kann. Er muß auch jetzt nach dem abgegebenen Schuß ruhig liegenbleiben. Entfernt er sich trotzdem von seinem Platz, so muß die Übung wieder von vorne begonnen werden. Der Hund muß auf jeden Fall wieder auf seinen Platz zurück, und zwar mit einer Kriechübung als Strafe.

Zeigt ein Hund, nachdem man viel mit ihm geübt hat, erhebliche Schußscheue, die ihm durch nichts abzugewöhnen ist, so ist er für die Jagd gänzlich untauglich.

Das Vorstehen

Wie bei vielen Dingen, die in der Jagdhundeabrichtung auf uns zukommen, merken wir auch hier, daß es gut und weniger gut veranlagte Hunde gibt.

Hat man einen Jagdhundelehrling vor sich, der aufgrund seiner Erbmasse schon in frühester Jugend vorsteht, so sollte man doch nicht zu sorglos sein und in dem Glauben leben, daß natürliche Veranlagung für alle Zeiten ausreicht und ein Üben unnötig ist.

Die meisten Jäger machen in diesem Fall den Fehler, zu schnell auf den jungen Hund zuzueilen, wenn er vorsteht. Der Hund wird dadurch übereifrig in der Angst, daß ihm sein Herr zuvorkommen könnte. Er wird

Vorstehen: Deutsch-Drahthaar

das Wild hundertprozentig herausstoßen. Der Hundeführer merke sich also, wenn er schon das Glück hat, daß sein Hund von Anfang an vorsteht, so nähere er sich seinem Hund mit größter Ruhe. Auch das leise gesprochene Wort „Ruhe" kann in diesem Fall nicht schaden. Anschließend werden die Hühner oder sonstiges Wild herausgestoßen und gleichzeitig wird das Kommando „Down" gegeben. Diese Übung muß, wie alle, mehrmals wiederholt werden. Mit der Zeit wird der junge Hund begreifen, daß er vor dem Wild, wenn es abgeht, „Down" zu gehen hat. Er wird weiterhin lernen, daß er nur mit äußerster Gelassenheit vorzustehen hat. Für die Zukunft ist dann ohne Belang, in welcher Haltung der Hund vorsteht. Es gibt da nämlich welche, die gehen richtig in die „Knie".

Viel schwieriger hat es der Abrichter, der einen Lehrling vor sich hat, der vorerst überhaupt keine

Vorstehen: Magyar Vizsla

123

Anzeichen des Vorstehens zeigt, sondern nur blind in das Wild hineinprellt und dabei alles heraushaut. In so einem Fall, wie immer, weit vor seinem Führer. Vielleicht erfolgt dann anschließend auch noch ein wildes Daraufloshetzen. Hier zeigt sich dann in eindrucksvoller Weise, wie falsch einem jungen Hund das „Down" beigebracht wurde.

Der Lehrling wird in diesem Fall an die Dressurleine gelegt. Sobald der Hundeführer auch nur das geringste Anzeichen beim Hund bemerkt, daß er anzieht, wird die Dressurleine straff angezogen. Der Hund wird begreifen, daß er nicht frei in seinen Entscheidungen ist. Wenn er dann das Wild trotzdem herausstößt, so wird er sofort mit einem Trillerpfiff in die Down-Lage gebracht und außerdem zur Ordnung gerufen. Anschließend wird er zur Stelle zurückgebracht, an der er angezogen hat, und mit dem Kommando „Down-vorwärts" in Kriechlage zum Platz kommandiert, an dem er die Hühner oder anderes Wild herausgestoßen hat. Versucht er während dieser Übung trotzdem aufzustehen, dann sind härtere Maßnahmen erforderlich.

Auch hier heißt die Devise: Üben und nochmals üben. Es wird der Tag kommen, an dem der Hund aufgrund der vorhergegangenen Übung vor dem Wild vorliegt. Es ist vollkommen ohne Belang, welche Haltung unser Lehrling einnimmt. Wichtig ist, daß er endlich die Ruhe beim Vorstehen angenommen hat, die wir brauchen, um mit ihm ordentlich arbeiten zu können. Er muß wissen, worum es geht. Erst wenn alles hundertprozentig sitzt, wird er wieder von der Dressurleine genommen und kann frei suchen und vorstehen.

Ein Ratschlag sollte dem Hundeführer noch mitgegeben werden: Ich kann immer wieder beobachten, wie der Jäger seinen Hund, nachdem er ihm in harter Arbeit alle

Vorstehen: Pudelpointer

Übungen – dazu gehört auch das Vorstehen – beigebracht hat, nach getaner Arbeit freien Lauf läßt, und zwar im Glauben, daß sein Jagdgehilfe auch etwas vom Leben haben soll. Alles zu seiner Zeit, kann ich da nur sagen. Der Hund nutzt die gewonnene Freiheit weidlich aus, durchstöbert alle am Weg liegenden Feldraine und was ihm sonst noch vor die Nase kommt. Plötzlich steht er vor, doch der Jäger führt zum Beispiel gerade eine intensive Unterhaltung mit seinem Jagdpartner oder einer anderen Person und beachtet den Hund nicht. Dieser wird eine Zeit vorstehen und dann, wie in alten Zeiten, hineinprellen, da er vollkommen ohne Aufsicht arbeitet. (Ich spreche von jungen, sich in der Ausbildung befindlichen Hunden.) Grundsätzlich sollte der Jäger seinen Hund nicht ohne Kontrolle revieren lassen.

Im Zusammenhang mit dem Vorstehen noch ein Wort zum sogenannten „Blinker". Unter dieser Bezeichnung versteht man Hunde, die wahrgenommenes Wild, d.h. Wild, dem sie vorstehen könnten, einfach nicht zur Kenntnis nehmen, diesem sogar ausweichen. Bei Gebrauchsprüfungen werden solche Hunde, denen dies mehrmals passiert, von der Prüfung ausgeschlossen.

Das Apportieren

Getreu dem Motto: „Viele Wege führen nach Rom", habe ich in puncto Apportieren vieles versucht, bin aber immer wieder zu der Methode zurückgekehrt, die ich nachfolgend beschreiben möchte.

Jedem Waidmann ist bekannt, was im allgemeinen unter Apportieren verstanden wird. Über das „Wie" gehen die Meinungen jedoch weit auseinander. Wären alle Hunde in der Art, im Wesen, sowie in der Veranlagung gleich, dann gäbe es nicht viele Diskussionen. Tatsächlich ist es aber so, daß die eine Hunderasse freudig apportiert, eine andere wieder will nicht viel davon wissen. Eines aber steht fest: Jene Hunde werden die besten Apporteure, mit denen frühzeitig begonnen wurde.

Kein Hundeführer sollte in den Fehler verfallen, den jungen Hund fortgeworfene Gegenstände zum Spaß holen zu lassen. Diese Spielerei rächt sich kurze Zeit später bitter. Der Hund muß frühzeitig begreifen, daß das Apportieren eine Pflichtarbeit ist, die von ihm gefordert wird.

Bereits bei einem sehr jungen Hund kann man erkennen, ob er ein guter oder schlechter Apporteur wird. Der eine nimmt alles auf, was ihm vorgelegt wird, der andere wieder schnuppert nur ein wenig, denkt aber nicht daran, den Gegenstand aufzunehmen. Es ist durchaus nicht gesagt, daß der zweite, wenn er genügend Übung hat, in späterer Zeit schlechter apportiert als der Talentiertere. Es darf nicht vergessen werden, daß das Apportieren ein Gehorsamsfach ist, der Hund es also erlernen kann; es muß ihm nicht angeboren sein.

Grundsätzlich sollte man den jungen Hund alles apportieren lassen, was nur irgendwie möglich ist, angefangen von Haustauben, Krähen (die liebt keiner besonders), Wiesel und Fuchs. Mit der Verschiedenheit der Apportierkörper nimmt man dem Hund von Anfang an die Scheu vor jedem Wild und Raubzeug. Bekanntlich hat jedes Tier einen anderen Duft. Wie oft habe ich bei Prüfungen schon gehört: „Ja, mein Hund war bis jetzt bei der Schleppe nur an Feldhasen gewöhnt, Kaninchen mag er gar nicht!" oder umgekehrt.

Eine zu einfache Ausrede, die nicht im Raum stehen würde, wäre rechtzeitig mit allen Wildarten gearbeitet worden.

Der Abrichter achte beim Anlernen zum Apportieren mehr als bei allen anderen Dressurfächern auf Ruhe und Besonnenheit. In vielen Fällen bildet das Apportieren für Hundeführer und Hund die schwerste Klippe.

Wird es eines Tages ernst, so benutzt man einen **Apportierbock,** und zwar einen solchen, der auseinandergenommen werden kann. Das heißt, dem Apportierbock muß mehr oder weniger Gewicht beigegeben werden können. Der mittlere Teil muß so dünn gehalten sein, daß er vom Hund ergriffen werden kann. Ich habe die Mitte

Arbeiten mit dem Apportierbock

immer mit einem Stück Hasenfell umwickelt oder mit einem Stück Tuch. Beides erleichtert dem Hund die Aufnahme, und später, beim Bringen über Hindernisse, kann durch diese weiche Partie eine Verletzung der Zähne vermieden werden.

Als Kommando gebrauchen wir nur die Worte *„Apport"* und *„Aus"*. Das erste Kommando, wenn der Hund den Gegenstand aufnehmen soll, das zweite, wenn er an seinen Führer ausgeben soll. Beide Kommandos müssen in energischem Ton ausgesprochen werden.

Der Hund wird an die Leine genommen. Wir lassen ihn mit dem Befehl „Sitz" sich neben uns setzen und schieben ihm den von allen Gewichten befreiten Apportierbock in den Fang. Diejenigen Hunde, die beizeiten zum Apportieren angehalten wurden, werden den Bock schon beim ersten Mal im Fang lassen. Andere öffnen den Fang nicht, und wieder andere lassen ihn nicht zu, so daß der Bock wieder herausfällt. Bei dem einen müssen wir versuchen, mit einem sanften Druck auf die Lefzen,

126

Hund vor abgelegtem Wild

Kommando „Apport"; Wild wird aufgenommen

Hund hat apportiert und wartet in Sitz-Stellung

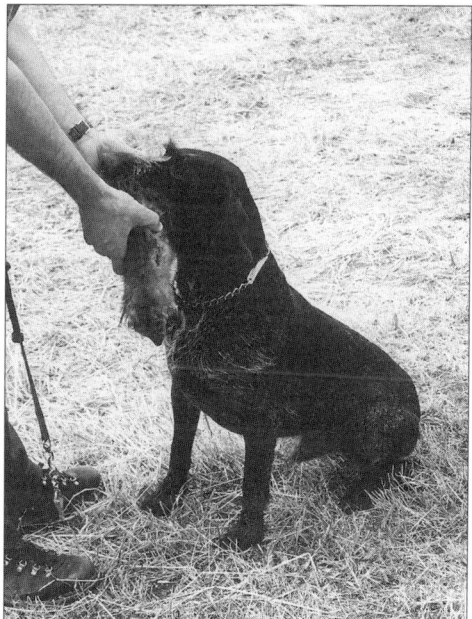

Kommando „Aus"; Ausgeben des Wildes

127

daß er den Fang öffnet. Anschließend wird sofort der Apportierbock eingeschoben und von unten der Fang zugehalten. Hat der Hund den Bock erst einmal im Fang, dann wird er sofort gelobt. Den Bock läßt man zuerst ca. eine Minute im Fang, später kann dann die Zeit erhöht werden. Mit dem Kommando „Aus" muß der Hund nach dieser Zeit den Bock ausgeben.

Wenn dann der Hund den Apportierbock festhält, das wird in einigen Tagen der Fall sein, treten wir einige Schritte zurück, warten eine Zeitlang und gehen dann wieder auf ihn zu, um ihm mit dem Kommando „Aus" den Bock wieder abzunehmen.

Viele Hunde neigen dazu, sobald sie sich setzen, den Apportiergegenstand hinzuwerfen. Dies kann verhindert werden, indem das Kommando „Sitz" erfolgt und gleichzeitig mit der Hand unter das Kinn gegriffen wird. Der Hund wird mit der Zeit lernen, daß er nur auf Kommando auszugeben hat.

Genauso verhält es sich, wenn wir ihm als nächstes beibringen, daß er den Apportierbock auf Kommando vom Boden aufzunehmen hat. Als bestes Hilfsmittel habe ich hier das Zusatzkommando *„Faß Apport"* herausgefunden. Der Zusatz „Faß" wirkt in den meisten Fällen. Der Apportierbock wird also in ca. einem Meter Entfernung vor dem Hund auf den Boden gelegt und das Kommando gegeben. Sollte der junge Hund trotzdem keine Anstalten machen, den Gegenstand vom Boden aufzunehmen, so muß nachgeholfen werden, indem man den Kopf des Hundes mit der Leine zum Boden zieht und ihn zwingt, wenn es sein muß, mit einem Lefzengriff, den Bock aufzunehmen. Diese Übung kann nicht oft genug wiederholt werden, denn der Hund lernt dabei für alle Zeiten, daß er mit dem Kommando „Faß Apport" zufassen muß.

Erst, wenn das alles sitzt, das Aufnehmen und alles Weitere, dann wird der Hund herangeholt und zum Sitzen gebracht. Die Dressurleine kann ohne weiteres ca. 4 bis 6 Meter nach hinten ausgelegt sein, und der Apportierbock 3 bis 5 Meter vor dem Hund abgelegt werden. Man achte darauf, daß der Hund nicht sofort hinterher läuft, um den abgelegten Bock aufzunehmen. Erst auf Kommando kann er losspringen und sein „Apportl" holen. Mit der Zeit wird der Abstand zwischen Hund und Apportierbock immer größer.

Wenn der Hund mit den apportierten Gegenständen ankommt, wird er erstmals mit dem Kommando „Sitz" empfangen, und danach erfolgt das Kommando „Aus". Empfehlenswert ist zu diesem Zeitpunkt ein häufiges Wechseln der Apportiergegenstände, damit der Hund nicht nur auf den Apportierbock gedrillt wird. Jetzt kommt auch die Zeit, in der daran gedacht werden kann, den Apportierbock durch Zusatzgewichte schwerer zu machen. Ein Grundsatz gilt beim Apportieren: Der Hundeführer darf niemals den Apportiergegenstand vor den Hund werfen, er muß immer von ihm fortgetragen werden, und der Abrichter muß zum sitzenden Hund zurückkehren. Erst dann wird das Kommando „Faß Apport" gegeben.

128

Ist das vom Hund begriffen worden, so kann daran gedacht werden, ihm beizubringen, wie er Gegenstände über Hindernisse zu bringen hat.

Dazu wird unser junger Jagdgehilfe etwa 2 bis 3 Meter vor dem Hindernis zum Sitzen gebracht. Als Hindernis bauen wir ein etwa 1,50 Meter hohes und breites Viereck aus Fichtenstämmen, die mit Reisig verblendet sind. Der zu apportierende Gegenstand wird nun in das Hindernis gelegt und erst auf Kommando soll der Hund das Hindernis überspringen, den Gegenstand aufnehmen oder auch nicht. Es gibt da immer wieder Schlaumeier unter den Hunden, die versuchen erst einmal, um das Hindernis herumzukommen, weil sie der Annahme sind, dem „Apportl" müßte auch auf bequemere Art beizukommen sein. Das ist der Hauptgrund, weshalb wir das Viereck einer Wand vorziehen.

Ist nun wirklich ein Hund dabei, der nicht über das Hindernis zum Apportiergegenstand springen will, so muß hier mit der Leine nachgeholfen werden. Der Hund wird angeleint, an das Hindernis geführt und noch einmal mit dem Kommando „Apport" und etwas Nachhilfe an den Apportiergegenstand gebracht.

In der ersten Zeit wird es vorkommen, daß der Hund den Bock beim Überspringen nicht festhält, dann wird er zu der Stelle zurückgeführt, an der er den Gegenstand fallen gelassen hat. Es erfolgt das Kommando „Down" und die strafenden Worte „Pfui, was ist das". Mit Üben und immer wieder Üben wird auch diese Klippe genommen werden, dem Hund während seiner Ausbildungszeit, d.h. während der Übung, kein richtiges Wild zum Apportieren zu geben. Dieses soll erst geschehen, wenn das Kommando vollständig vom Hund beherrscht wird.

Auf folgendes soll hingewiesen werden: Mit dem Wegtragen des Apportiergegenstandes durch den Abrichter wird der Hund schon in kleinem Maße gezwungen, seine Nase zu benutzen. Beides, Apportieren und die Benutzung der Nase, sind Vorstufen zur Schleppenarbeit. Erst wenn es mit dem Apportieren vollkommen klappt und der Hund einen in größerer Entfernung (ca. 150 m) abgelegten Gegenstand freudig bringt, haben Sie gewonnen, und es kann mit der Schleppe begonnen werden.

Die Schleppe

In der Fähigkeit, krankes Wild unter den ungünstigen Verhältnissen zur Strecke zu bringen, liegt nicht nur der Wert des Hundes selbst, sondern auch der sittliche Wert der Jagd, also das, was wir unter waidgerecht verstehen.

Dieser Ausspruch des Altmeisters unter den Hundeführern und Züchtern aus den Anfangszeiten der Jagdhundeabrichtung, nämlich Hegendorf, gilt unverändert bis zur heutigen Zeit.

Um unserem Lehrling das Verlorenapportieren auf einer Schleppe beizubringen, muß von dem Grundsatz ausgegangen werden, je einfacher die Übung am Anfang gestaltet wird, desto leichter wird der Hund sie begreifen.

Die Lektion beginnt nicht im Wald, sondern im Feld, am besten auf der Wiese, da sich der Duft des geschleppten Wildes hier am längsten hält. Für die Schleppe eignet sich jedes Niederwild, aber auch kleines Raubzeug, und zuletzt der Fuchs, der aber erst nach langer Übungszeit Verwendung finden sollte. Grundsätzlich sollte nicht immer die gleiche Wildart geschleppt werden.

Wichtiger Grundsatz: Die Schleppe darf niemals vom Hundeführer selbst gelegt werden, da es dann für den Hund ein Leichtes ist, der Fährte des Führers zu folgen. Er wird sich um den Duft des geschleppten Wildes nicht kümmern.

Zuerst wird der Hund an einer Stelle abgelegt, von der aus er das Anlegen der Schleppe nicht beobachten kann. Das Wild wird anfangs nur ca. 50 Meter geschleppt, und zwar immer mit dem Wind. Der Hund wird dann von seinem Führer an den mit etwas Bauchwolle vom Kaninchen oder Hasen, bei Federwild mit ein paar Federn gezeichneten „Anschuß" gebracht. Dem Hund wird der „Anschuß" gezeigt, und er wird, wenn er nur etwas Passion hat, die Fährte annehmen, und zwar angeleint am langen Schweißriemen. Diese Maßnahme ist in der ersten Zeit notwendig, um den Hund daran zu hindern, daß er anderen Verleitfährten nachgeht. Er hat sich nur um seine Schleppe zu kümmern.

Am Stück angekommen, läßt man den Hund apportieren und geht mit ihm im Laufschritt zurück. Dort erfolgt das Kommando „Sitz" und „Aus". Hat der Hund seine Sache gut erledigt, so gibt es viel Belohnung für ihn. Die erste Schleppe und auch die nachfolgenden werden so dem Hund erklärt.

Die nächste Entfernung sollte bereits ca. 100 Meter betragen. Auch diese Weite wird mehrmals geübt. Sitzt das Ganze dann zufriedenstellend, so wird unser Lehrling auf halber Strecke geschnallt, später nur wenige Meter nach dem Anschuß. Hier sollte beachtet werden, daß der Hund nicht etwa angeleint an einem Karabinerhaken zur Schleppe gebracht wird, das wäre grundfalsch. So würden wir den Hund, nachdem er die Schleppe angenommen hat, nicht schnell genug von der Leine bringen und ihn somit vollkommen von seiner Arbeit ablenken. Die beste Methode ist, ein Stück Wäscheleine zu nehmen, diese wird dann durch die Halsung gezogen und an beiden Enden festgehalten. Wenn der Hund die Schleppe angenommen hat, läßt man ein Ende los, und die Schnur gleitet, ohne daß der Hund auch nur das Geringste merkt, aus der Halsung. Mit der Zeit wird die Schleppe auf 300–400 Meter ausgedehnt. In die Schleppe werden jetzt auch zwei oder drei rechtwinkelige Haken eingebaut. Üben steht jetzt ganz obenan. Trotzdem ist zu empfehlen, nicht öfters als zwei- bis dreimal in der Woche auf der Schleppe zu arbeiten, da der Hund der Sache sonst überdrüssig wird.

Ab und zu passiert es auch, daß unser Lehrling ohne Stück zurückkommt. Die beste Methode ist dann, den Hund erst einmal „Down" gehen zu lassen, und zwar mit dem Tadel „Pfui, was ist das". Anschließend wird er, wie am Anfang, an der Leine zum Stück gebracht und wieder zurück zum Anschuß, und dann wird das Ganze wieder von vorne begonnen. Nicht verzagen, nur Übung macht den Meister!

Die Übung wird dann, wenn sie im Feld hundertprozentig tadelfrei abläuft, im Wald fortgesetzt. Hier darf von Anfang an nicht vergessen werden, daß der Hund im Wald außer Kontrolle seines Führers ist. Eine Schleppe muß im Feld solange ausgearbeitet werden, bis der Hund begriffen hat, daß es auch für ihn Vorteile bringt, und zwar deswegen, weil er sicher auf Wild stoßen wird. Er muß die einzelnen Abschnitte der Arbeit vollständig begriffen haben.

Zum Schleppen darf niemals aufgebrochenes Wild Verwendung finden, da sonst die Gefahr des Anschneidens sehr groß ist. Erst wenn der Hund viele Male die für ihn gelegten Schleppen im Feld und im Wald bestens ausgearbeitet hat, wird mit dem Fuchs begonnen. Dieses Raubwild wird er nur apportieren, wenn wir ihm den Zweck seiner Aufgabe so klar wie möglich beigebracht haben. Es gilt der Grundsatz, nur der Hund, mit dem fleißig geübt wurde, wird ein zuverlässiger Verlorenapporteur werden. Mein Rat heißt deshalb: Schleppen, Schleppen und nochmals Schleppen! Die Vielzahl der Junghunde leistet deshalb so minderwertige Arbeit im Verlorenapportieren, weil ihnen die gewissenhafte Einarbeitung fehlt.

Erst wenn in der Schleppenarbeit eine große Sicherheit erreicht wurde, kann der Hundeführer mit der Schweißarbeit beginnen.

Die Schweißarbeit

Wenn ein Stück Wild krankgeschossen wurde, ist jeder Jäger in höchster Not. Daß Hoch- und Niederwild bei schlechtsitzenden Schüssen oft weiterflüchtet und nur durch einen guten Jagdgebrauchshund, der besonders auf Schweiß abgerichtet ist, vor dem Verludern gerettet werden kann, ist eine Tatsache, an der nicht zu rütteln ist.

Welche Rasse man wählt, ist ohne Belang und eher Geschmackssache. Wichtig ist allein, daß der Hund über eine gute Nase verfügt, die durch eine gute Abführung nicht ersetzt, nur verbessert werden kann, denn die muß der Hund mit in die Wiege gelegt bekommen haben.

Kein Zweifel besteht, daß keine andere Rasse die Spezialisten, nämlich den Hannoverschen Schweißhund, den Bayerischen Gebirgsschweißhund und die Alpenländische Dachsbracke, ersetzen kann.

Als Handwerkszeug für die Schweißarbeit benutzen wir einen etwa sechs Meter langen Schweißriemen und eine Schweißhalsung, dic nicht auf Zug arbeiten darf, denn dies wäre für die Schweißarbeit falsch, da sie dem Hund die Luft nimmt.

„Besuchsknecht mit Leithund". Ein Stich von Rie-
dinger aus dem 17. Jahrhundert zeigt noch den
mehrfarbigen, manchmal weißen Leithund, der von
seinem Führer am langen Bockshaarseil auf der
Hirschfährte gearbeitet wird.

Das Herrichten der Rotfährte geht folgendermaßen vor sich:

Die erste Übungsfährte braucht nicht länger als ca. 150 bis 200 m sein. Wenn möglich, sollte man schon bei der ersten Fährte Wildschweiß verwenden und am Ende ein Stück Wild ablegen; denn bereits beim ersten Mal soll der Hund merken, worum es geht und wie interessant diese Arbeit für ihn sein kann. Bei späteren Übungen kann auch schon einmal Hammel- oder Rinderblut dazu genommen werden.

Das Anlegen der Fährte kann entweder im Tropf- oder im Tupfverfahren geschehen. Unsere Altvordern probierten auch noch zwei andere Anlegemethoden aus. Bei der einen wurden dem Fährtenleger ein paar Stelzen unter die Schuhe geschnallt, damit dieser erst gar nicht mit dem Boden in Berührung kam. Für diese Arbeit wurde in den meisten Fällen ein junger Forstgehilfe hergenommen, da sie schon einiges akrobatisches Können verlangte. Gerade weil diese Anlegemethode sehr schwierig war, ist man bald wieder davon abgekommen.

Eine andere war die vom preußischen Forstadjunkten Aust-Tillowitz erfundene Methode mit dem Fährtenschuh. Auch diese Methode hat sich in der Praxis nicht bewährt, weil das Gehen mit diesem „Werkzeug" nicht jedermanns Sache war.

So ist zuletzt nur die Tropf- oder Tupfmethode übriggeblieben. Von den Jagdhundeverbänden wird sie sogar vorgeschrieben.

Zur Tropfmethode benötige ich eine Flasche, in die 1/4 Liter Schweiß paßt. Diese Menge sollte die Norm sein, auch wenn später längere Fährten gelegt werden. Auf den Flaschenhals gebe ich einen Korken, der an einer Seite leicht eingekerbt ist. Aus dieser Kerbe soll nur sehr geringer Schweiß austreten, wenn ich die Flasche auf den Kopf stelle. Nach jedem zweiten Schritt sollte ein Tropfen Schweiß auf den Boden fallen, wobei man am Anfang etwas großzügiger verfahren kann, denn der Hund be-

„Such verwund't"   Der Lohn einer erfolgreichen Nachsuche

Arbeiten am Schweißriemen

133

findet sich ja in der Ausbildung, da kann er ruhig am Anfang etwas mehr „Duft" erwischen. Am „Anschuß" darf es noch etwas mehr sein. Wie gesagt, am Ende sollte ein Stück Wild sein, das man besser an der Bauchseite ordentlich vernäht, damit der junge Hund erst gar nicht auf den Gedanken kommt, das Stück vielleicht anzuschneiden.

Die Tupfmethode geht folgendermaßen vor sich: An einen Stock ein ca. 4 x 4 cm großes Schwämmchen befestigen. In eine Blechbüchse einen viertel Liter Schweiß geben, das Schwämmchen eintauchen, am Rand abstreifen, und jeden zweiten Schritt auf dem Waldboden auftupfen, und das in etwa fünf bis siebenmal, und dann wieder eintauchen. Wie bei der Tropfmethode darf es am Anschuß etwas mehr Schweiß sein.

Die Fährte sollte nach einer gewissen Übungszeit bis zu 1000 Meter und mehr ausgedehnt werden und mindestens eine Nacht, wenn nicht gar 24 Stunden, stehen. Schweißarbeiten dürfen nicht zu häufig durchgeführt werden, sonst verliert auch hier der Hund die Lust. Das beste Mittel, das Interesse des Hundes zu steigern, ist die frühzeitige Möglichkeit einer Totsuche.

Oberstes Gebot für den Hundeführer beim Führen auf einer Schweißfährte ist eiserne Disziplin. Es ist unglaublich, wie schnell sich die Unruhe des Hundeführers auf den Hund überträgt; der Schweißriemen wirkt dabei wie eine elektrische Leitung. Die Folge eines Nichtverstehens zwischen Führer und Hund ist, daß der Hund nach sehr kurzer Zeit zu faseln beginnt und sich vor allen Dingen durch die Verleitfährten vollkommen von seiner eigentlichen Aufgabe abbringen läßt.

Der Hundeführer sollte niemals vergessen, daß es meistens der Hund ist, der recht hat!

Folgende Grundregeln sollten daher für die Übung auf der Schweißfährte beachtet werden:
- Der Hundeabrichter sollte niemals die künstliche Schweißfährte selbst legen, da der Hund stets der Fährte seines Führers folgen wird.
- Derjenige, der die Schweißfährte anlegt, darf auf keinen Fall auf der Fährte zurückgehen. Er muß im weiten Bogen zum markierten Anschuß zurücklaufen.
- Der Anschuß wird durch etwas Schweiß, wenn möglich auch durch Schnitthaare markiert.
- Die Richtung der Schweißfährte wird am Anschuß mit einem Pfeil markiert. Ebenfalls die einzelnen Haken.
- Die sicherste Methode bei der Schweißarbeit ist die Arbeit am Riemen. Auch wenn der Hund später zum Totverbeller oder -verweiser ausgebildet werden soll.
- Der Hundeführer sollte sich hüten, seinen Hund andauernd zu korrigieren, denn der Hund hat in den meisten Fällen recht.

Wer einmal in der Praxis schwerste Schweißarbeit kennengelernt hat, kann er-messen, welch große Bedeutung das Abrichten gerade in diesem Fach hat. Die Schweißarbeit wird nicht umsonst als Krönung der Leistungen unseres Jagdhundes gesehen.

Überdies wird durch eine gute Schweißarbeit wertvolles Wildbret vor dem Verlu-dern gerettet.

Die Wasserarbeit

Nicht jeder Jagdhund geht ohne weiteres ins Wasser. Er muß erst das Schwimmen lernen. Die einfachste Methode ist die, daß man mit dem jungen Hund zuerst ins seichte Wasser geht und dann langsam in tieferen Gewässern weiterarbeitet. Niemals Gewalt anwenden! Zuerst wird sich der Hund nicht besonders intelligent anstellen. Wir müssen ihm etwas helfen, indem wir ihn mit der einen Hand am Hals vor-wärtsziehen und mit der anderen stützend unter seinem Bauch halten, damit er eine waagrechte Lage bekommt und mit dem anfänglichen sinnlosen Wassertreten auf-hört.

Der Hund darf auf keinen Fall hineingeworfen oder -gestoßen werden. Einen sol-chen Zwang vergißt ein kluger Hund nie, und er kann für ewig wasserscheu sein.

Sollte jedoch der Abrichter nicht selbst ins Wasser gehen wollen, so kann der Hund auch mittels Leine ins Wasser gebracht werden. Die Leine wird am gegenüberlie-genden Ufer um einen Baum gelegt und wieder zu uns ans andere Ufer zurückge-führt. Zuerst werden wir einige Schwierigkeiten haben, denn der Hund wird ja von uns fortgezogen. Es erfordert auch einige Überredungskunst, den Hund auf diese Art und Weise zum erstenmal ins Wasser zu bringen, aber auch das wird gelingen. Zu dieser Lernmethode des Schwimmens darf kein Würgehalsband verwendet werden; und später, bei der wirklichen Wasserarbeit, gilt als oberster Grundsatz: Die Halsung muß immer entfernt werden.

Das Kommando, womit der Hund ins Wasser geschickt wird, ist „Weiter". Nach einiger Zeit wirft man einen leichten Apportierbock ins Wasser, das nicht sehr tief sein sollte. Aller Voraussicht nach wird der Hund diesen Gegenstand bringen. Schwieriger wird es, wenn wir den Apportierbock in tieferes Wasser werfen. Hier muß wieder viel Geduld aufgebracht werden. Sollte es gar nicht klappen, so muß wieder zur endlosen Leine gegriffen werden.

Hat sich der Hund endlich daran gewöhnt, auch im tiefen Wasser zu schwimmen, so kann ihm das Stöbern im Schilfwasser beigebracht werden. Hierzu verwenden wir eine möglichst wildfarbene Hausente, die am Ufer ausgesetzt wird. An der Stelle, an der die Ente ausgesetzt wurde, sollten ein paar Federn ausgelegt werden. Ein passionierter Hund wird der Ente auf der Schwimmspur folgen und sie im Schilf auch finden. Dabei wird die Hausente Sieger bleiben, weil sie dem Hund mit ihren Schwimm- und Tauchkünsten überlegen ist. Auch diese Übung muß mehrmals wiederholt werden. Die bessere Methode ist natürlich, wenn der Hund von Anfang an Gelegenheit hat, an einer Entenjagd teilzunehmen, und dabei ausgiebig im Schilf nachstöbern und nachsuchen kann.

Langsam wird es Zeit, dem Hund beizubringen, daß er aus dem tiefen Wasser eine Ente apportiert. Der Übergang vom Apportierbock zu richtigem Wild ist nicht schwer. Als Wild braucht nicht unbedingt eine Ente vorhanden zu sein, es genügt zum Beispiel auch eine Krähe oder ähnliches. Nach dem Zutragen der

Der Hund geht nach dem Kommando „Such voran" ins Wasser

Ente muß sich der Hund erst setzen und ausgeben, ehe er sich schüttelt, da er in den meisten Fällen mit dem Schütteln auch die Ente hinwirft.

Abschließend sei zu diesem Team noch gesagt, auch am Wasser muß freudige Stimmung herrschen. Geschrei oder gar Schläge darf es hier nicht geben. Der Führer sollte nie vergessen, daß er, auch wenn er eine Badehose anhat, seinen Hund nur sehr schwer erreichen kann. Es kann hier nur Passion helfen, und zwar bei Führer und Hund. Also, Hose runter und hinein ins kalte Wasser, vom Hund wird es ja auch verlangt. Alle vorhandenen Hemmungen können nur durch Fleiß und Ausdauer ausgeräumt werden. Es wird der Tag kommen, an dem alles wunderbar gelingt. Sollte sich trotzdem einmal ein Versagen einstellen, so läßt sich das durch sogenannte „Haltübungen" am Ufer wieder ausbügeln und die Erinnerung an das, was verlangt wird, wiederherstellen.

Für mich gehört die Wasserarbeit zu den schönsten jagdlichen Erlebnissen.

Intensive Suche

Der Hund kommt mit der gefundenen Ente zurück

Nach dem Verlassen des Wassers

Der Hund wartet, bis der Hundeführer mit dem Kommando „Aus" die Ente abnimmt. Erst dann darf er sich schütteln

137

Das Stöbern und Buschieren

Grundsätzlich sollte mit Stöber- und Buschierarbeiten erst begonnen werden, wenn der Hund in seiner Arbeit im Feld vollkommen sicher ist, das gilt insbesonders für das Vorstehen. Es ist Gift für jeden Hund, wenn man ihn vor der Vorsteharbeit stöbern läßt. Die Pausen zwischen Vorstehen und Einspringen werden zwangsläufig immer kürzer. Es ist zu raten, mit der Stöberarbeit erst mit Beginn des zweiten Feldes anzufangen, wenn der Gehorsam genügend gefestigt ist!

Das Buschieren, d.h. die Arbeit unter der Flinte, kann man dagegen schon mit dem Junghund beginnen, weil er immer unter Kontrolle bleibt.

Die sogenannten „Waldhunde", z.B. Deutscher Wachtelhund, Bracke oder Jagdspaniel, aber auch der Deutsche Jagdterrier und der Dachshund, sind für die Stöberarbeit geradezu prädestiniert. Da sie für die Feldarbeit erst in zweiter Linie eingesetzt werden, kann man sie bereits ziemlich früh in den Stöber- und Buschierarbeiten abrichten.

Dabei muß darauf geachtet werden, daß der Hund bei der Stöber- und Buschierarbeit mit seinem Führer immer in engstem Kontakt bleibt. Um das zu erreichen, ist eiserner Gehorsam notwendig: Tadelloses Folgen „frei bei Fuß", lautloses Zusammensinken auf Kommando „Down", noch besser, bei erhobener Hand Liegenbleiben, ohne zu zerren; kein Winseln oder gar Bellen bei vorbeiflüchtendem Wild. Das ist höchste Abrichtekunst.

Im Wald muß alles lautlos vor sich gehen, von einer Trillerpfeife ist daher abzuraten. Hier ist bestes Einvernehmen zwischen Hund und Führer von enormer Wichtigkeit.

Beim **Buschieren,** besonders in Schonungen, bei sehr begrenzter Sicht, ist darauf zu achten, daß der Hund sehr kurz vor uns „reviert". Er kann sonst in sehr große Gefahr kommen. Anfangs werden wir das Tempo unseres Hundes durch das Kommando *„Laaangsam"* bremsen müssen. Es ist nicht falsch, wenn er in der ersten Zeit häufig das Kommando „Platz" hört. Wir müssen ihm durch Warten beibringen, daß hier der enge Kontakt sehr wichtig ist. Die Witterung des Wildes nimmt der Hund im dichten Unterholz normalerweise sehr viel später auf. Für ihn wird dadurch der Reiz zum Vorprellen und Hetzen viel größer. Angeschossenes Wild kann der Hundeführer bereits nach sehr kurzer Zeit nachsuchen lassen, da wegen der guten und dichten Deckung eine gute Wundspur vorhanden ist und das Wild in den meisten Fällen nicht weit läuft.

Der bereits gut geführte Hund wird die Jagdart des Buschierens sehr rasch begreifen, er nimmt sehr schnell den Unterschied zwischen der Feld- und Wasserarbeit wahr.

Vom **Stöberer** wird verlangt, daß er das von wenigen Schützen umstellte Dickicht automatisch durchsucht und vorhandenes Wild herausdrückt. Er muß dem Wild spurlaut folgen, bis der Jäger zum Schuß kommt. Das erlegte Wild soll er apportieren und bringen. Angeschossenes Wild muß er auf der Wund- und Krankspur verlorenbringen. Den Rand der Dickung darf er nicht verlassen. Nach Herausdrücken des Wildes soll er wieder in der Dickung verschwinden und weiterstöbern.

Der Junghund wird vorerst einmal am Dickungsrand abgelegt. Er wird die erste Zeit nicht alleine in die Dickung wollen. Da muß man ihm helfen, wenn auch manchmal das Hineingehen in die Dickung für den Hundeführer unangenehm ist.

Wenn wir unserem Hund das Stöbern beibringen wollen, bleibt uns nichts anderes übrig, als die erste Zeit gemeinsam mit dem Hund, wenn es sein muß, auf allen vieren, in die Dickung zu kriechen. Es darf nie vergessen werden, daß der Hund vom Hellen ins Dunkle geht und deshalb immer etwas vorsichtig ist. Vorher aber muß dafür gesorgt werden, daß die Dickung von Freunden umstellt ist, denn, wenn der Hund auf Rehwild stößt, wird er nicht mehr zu halten sein. Aufgabe der Waidgenossen ist es nun, den Hund, wenn er aus der Dickung auf der Rehfährte kommt, sofort abzufangen und ihm mit aller Bestimmtheit klarzumachen, daß er dieser Fährte nicht zu folgen hat. Mit allen Mitteln, wenn es sein muß, sogar mit sanftem Zwang, muß versucht werden, den Hund wieder in die Dickung zu bringen. Erhält er dann anschließend die Gelegenheit, einen frisch geschossenen Hasen zu apportieren, wird er sehr schnell den Grund seiner eigentlichen Arbeit begreifen. Der Sinn der Stöberarbeit ist folgender: Apportieren der Beute am Rand des Treibens und die mit dem Kommando *„Voran"* angewiesene Arbeit innerhalb der Dickung. Es muß unbedingt darauf geachtet werden, daß der Hund am Ausbrechen aus dem Treiben gehindert wird.

Zu diesem Thema kann abschließend gesagt werden, daß es z.B. für einen Vorstehhund eine große Umstellung bringt, wenn er von der Feld- auf Stöberarbeit gebracht werden soll. Es ist nicht zu leugnen, daß die Rückkehr zur Feldarbeit noch viel schwerer ist, denn der Hund hat mit dem Stöbern doch eine große Freiheit verspürt, die er nicht so leicht wieder aufgeben möchte. Das Beste ist, der Hundeführer geht nach einigen Stunden Stöberarbeit mit seinem Gehilfen nach Hause, und er vergißt an diesem Tag die Arbeit auf dem Felde. Diese Feststellung gilt aber nicht nur für den Vorstehhund, auch alle anderen Jagdhunderassen haben nach dem Stöbern nichts Gutes im Sinn.

So bleibt im Endeffekt doch die Tatsache, daß für diese Art Jagd möglichst nur Spezialisten Verwendung finden sollten.

Das Totverweisen und Totverbellen

Die Abrichtung eines sogenannten Bringselverweisers ist nicht so schwer, wie allgemein angenommen wird. Sie geht folgendermaßen vor sich: Der Hundeführer bindet dem Hund das Bringsel, das aus einem ca. 15 cm langen und ca. 3–4cm breiten Holzstück bestehen kann und mit Leder umwickelt ist, an einer genau angepaßten Schnur um den Hals. Eine elastische Schnur, vielleicht ein Hosengummi, ist hier von Vorteil. Die Schnur oder der Gummi sollte nur so weit herabhängen, daß sie den Hund bei der Arbeit nicht behindert und der Hund das Bringsel, wenn er den Kopf senkt und dieses am Boden aufliegt, ohne Schwierigkeiten in den Fang nehmen kann.

Die Dressur wird damit begonnen, daß ein Gehilfe, der dem Hund sehr vertraut ist, bei dessen Ankunft am Stück unter Lob und Überreichung eines Extrahappens das Bringsel, das bei den ersten Übungen neben dem Belobigungshappen auf dem Stück liegt, mit dem Kommando „Apport" in den Fang schiebt. Im gleichen Moment muß der Hundeführer den Hund abpfeifen und zu sich zurücklocken. Hier wird dann das Bringsel, unter Belobigung, abgenommen. Anschließend wird der Hund an der Leine, unter Anfeuerung, zum Stück zurückgeleitet.

Die Distanz wird von Zeit zu Zeit vergrößert, und eines Tages steht unser Gehilfe nicht mehr direkt beim Stück, sondern einige Meter daneben und feuert den Hund durch den Zuruf „Apport" an, das Bringsel selbständig aufzunehmen und zu seinem Führer zu bringen. Die Anfeuerungsrufe werden mit der Zeit immer leiser, und eines Tages wird der Hund ohne jede Aufforderung das Bringsel in den Fang nehmen und zu seinem Abrichter zurückbringen.

Ein lockerer Hals und das Lautgeben auf Kommando sind für das Abrichten zum Totverbeller sehr wichtig. Nur sehr wenige Jagdhunde verbellen aus rein natürlicher Veranlagung. Das Lautgeben haben wir unserem Hund schon in frühester Jugend beigebracht, und zwar bei jedem nur erdenklichen Anlaß. Hier tun einige Belobigungshappen Wunder. Da der Hund ohnehin auf unser Kommando „Gib Laut" reagiert, werden wir im Garten eine Rehdecke oder ähnliches bereits in einiger Entfernung z.B. an einen Baum hängen. Das Medium sollten wir auf jeden Fall bewegen können, um den Hund auch auf diese Weise zum Lautgeben reizen zu können. Wenn er dann am „Stück" Laut gibt, wird er wieder belohnt. Es besteht die Gefahr, daß der Hund versucht, die an einem Ast hängende Rehdecke zu apportieren. Die Decke muß entsprechend hoch aufgehängt werden, damit sie der Hund nicht erreichen kann.

Abschließend sei gesagt, daß die Ausbildung zum Totverbeller oder Totverweiser sehr viel Geduld erfordert. Immer wieder kommt es vor, daß Hundeführer, die ein paarmal geübt haben, ihren Hund auf Prüfungen als Totverbeller melden und sich dann gründlich blamieren. Bevor der Hund zum Bringselverweisen und zum Totverbellen gebracht werden soll, muß er auf der künstlichen Wundfährte absolut sicher sein.

Die Vorbereitung der Erdhunde für die Baujagd

Die Abrichtung der sogenannten Bauhunde über der Erde erfolgt in etwa nach dem gleichen Prinzip wie bei den anderen Jagdgebrauchshunden, es erübrigt sich also, darüber ausführlich zu schreiben. Außerdem sind alle, egal ob deutscher Jagdterrier, die verschiedenen Foxterrierarten und erst recht der Dachshund, ausgezeichnete Jagdhunde über der Erde. Grundsätzlich gilt für all diese Jagdhunderassen: Wer genug Schneid am Fuchs hat, ist auch nicht zu feige, wenn Schwarzwild an der Reihe ist.

Die Baujagd hat von allen Jagdarten immer eine Sonderstellung eingenommen.

Jeder, der schon einmal mit der Baujagd zu tun hatte, wird mir recht geben, wenn ich dem Fuchssprenger den Vorzug vor dem Würger gebe. Da gibt es auch noch die sogenannten Blender, die sich zwar im Bau benehmen, als würden sie alles umbringen, aber nicht in der Lage sind, das Raubwild ans Tageslicht zu bringen. Sogenannte todsichere Sprenger auf den Fuchs gibt es nicht; da muß schon ab und zu gegraben werden.

Der Idealzustand zur Einarbeitung der Erdhunde ist ein sogenannter Kunstbau. Begonnen kann bereits werden, wenn der Hund sehr jung ist. Ich habe in meinem Garten eine „Röhre" mit einem künstlichen Kessel angelegt. Die anfängliche Scheu vor der Dunkelheit in diesem „Bau" kann man den Welpen sehr schnell nehmen, indem man einen ordentlichen Fleischbrocken an eine Schnur bindet. Diesen Happen habe ich dann vor dem Welpen durch den Garten gezogen und anschließend in die Röhre eingeführt. Der Hund, der ganz gierig auf das Fleisch war, ist nach einigem Zögern in die Röhre hineingekrochen, damit er diesen Bissen endlich erwischen konnte. Schon während der Übungszeit konnte ich beobachten, daß sich der Hund zum Schlafen in den Kessel begab und auch bei Geräuscheinflüssen sofort in diesem kleinen Bau verschwunden war. Wenn es dann ernst wurde, hat keiner dieser Hunde beim Schliefen versagt.

Da gibt es dann unter den Erdhunden die sogenannten „Steher", die das Raubwild zwar an einer Stelle binden, aber oft stundenlang nicht in der Lage sind, den Fuchs zu sprengen. Der andere Typ ist der sogenannte „Sprinter", der, auch wenn er manchmal nicht soviel Schärfe hat, durch sein Angreifen auf Biegen und Brechen den Fuchs so in Panik versetzt, daß dieser in verhältnismäßig kurzer Zeit zum Springen kommt. Diese Art ist meines Erachtens für den Jäger die wertvollere. Wer im Winter schon stundenlang mit kalten Füßen gewartet hat, der weiß, was dieser Hund wert ist.

Wenn der Hund gut vorbereitet wurde, dann ist es an der Zeit, mit der Arbeit am Naturbau zu beginnen. Bei dieser Arbeit sollte äußerste Ruhe bewahrt werden. Es ist für einen Bodenjäger unerträglich, wenn es um den Bau zugeht, wie auf einem Volksfest.

141

Der Hund wird nach dem Einschliefen sehr schnell herausgefunden haben, wo er das Raubwild finden kann. Schon nach kurzer Zeit wird er seinem Führer durch Lautgeben anzeigen, wo der „Räuber im roten Rock" zu finden ist. Die Schützen werden sich entsprechend einstellen.

Nach getaner Arbeit sollte niemals vergessen werden, dem Hund eine entsprechende Belohnung zu geben.

Abschließend soll noch gesagt werden, daß es ganz egal ist, ob man sich für den Dachshund, den Deutschen Jagdterrier oder den Foxterrier entscheidet, nicht zu vergessen den englischen „Parson Jack Russel". Ich habe einige von dieser Hundeart schon hervorragend im Bau arbeiten sehen. Es ist reine Geschmackssache. Jeder dieser Jagdhundeschläge wird seine Arbeit zur Zufriedenheit seines Hundeführers verrichten.

Was ist Wesensfestigkeit – was ist Schärfe?

Da in vielen Jägerkreisen immer wieder Wesensfestigkeit mit Schärfe verwechselt wird, sollen auch hierüber einige Worte geschrieben werden. Wesensfestigkeit hat zwar mit Schärfe nichts tun, muß aber z.B. bei den Erdhunden mit Schärfe gepaart sein, damit diese bei der Raubwildbekämpfung im Bau bestehen können. Dasselbe gilt auch für sogenannte „Sauhunde", auch diese müssen gegenüber dem Schwarzwild einige Standfestigkeit beweisen. Das Wort „Sauhund" ist in diesem Fall also eine durchaus ehrenwerte Bezeichnung. Hier sind wir bei der Trennlinie angelangt, nämlich dem Begriff Schärfe, die manche Härte nennen, und dabei meinen sie Wesensfestigkeit.

Grundsätzlich sei erwähnt, daß Wesensfestigkeit mit Unerschütterlichkeit verglichen werden kann, wenn sich also ein Hund durch nichts aus der Ruhe bringen läßt. Ausschlaggebend ist allein die seelische Verfassung des Hundes, gepaart mit einer harmonisierenden Körperfunktion und einem ausgezeichneten Verhältnis zur Umwelt. Ein gestörtes Verhältnis zur Umwelt ist zum Beispiel Gewitterscheue, die aber durchaus nichts mit Schußscheue zu tun haben muß. Dieses Benehmen zeigt jedoch schon einen gewissen Teil Wesensschwäche.

Die Nerven eines wesensfesten Hundes sind intakt, wenn er jene Ruhe hat, die ein Zusammenleben mit ihm so begehrenswert macht. Sie hat mit Gleichgültigkeit absolut nichts zu tun; der Hund wird eben mit seiner Umwelt besser fertig, und das wirkt sich letzten Endes bei der Gebrauchsarbeit nur positiv aus.

Zeichen von Umweltgestörtsein beim Hund sind u.a. Aufgeregtheit, Angstbeißen und überhaupt eine angeborene Ängstlichkeit. Wie oft erleben wir, daß sich ein Hund von niemandem anfassen läßt und sofort wie wild um sich beißt; das alles hat nichts mit der so viel zitierten Mannschärfe zu tun, es ist allein der Angstbeißer, der hier zum Vorschein kommt. Derselbe Hund, der dann doch einmal mit anderen Hunden eine Rauferei hat, wird bei eigenen Verletzungen um so empfindlicher reagieren.

All diese Mängel an nervlicher Widerstandskraft wirken sich naturgemäß bei der Dressur und erst recht bei der Leistungsfähigkeit aus. Bei der Zucht müssen diese Merkmale unbedingt beachtet werden.

Wie oft habe ich schon bei Prüfungen erlebt, daß Hunde empfindlich reagieren, wenn auch nur ein Artgenosse in die Nähe kommt. Andere wieder benehmen sich, als ginge sie die ganze Umwelt nicht das geringste an.

Eine gewisse Schärfe ist auch dann schon gegeben, wenn ein Hund krank geschossenes Wild greift und würgt. Den eigentlichen Begriff Schärfe erleben wir aber nur am Raubwild, denn in diesem Fall wird von unserem Hund erheblich mehr verlangt. Der scharfe Hund soll das Raubwild nicht nur stellen und verbellen, er soll es auch fassen. Da diese Arbeit nie ohne Gegenwehr vor sich geht und sehr oft Verletzungen vorkommen, muß der Hund auch eine große Portion Härte mitbringen.

Die Experten haben die Wesensfestigkeit so definiert: Wesensfestigkeit ist der Zustand körperlicher Ausgeglichenheit, die sich auch bei außergewöhnlichen Umwelteinflüssen rasch wieder einstellt. Der Begriff der Wesensfestigkeit darf nicht mit Härte oder Schärfe verwechselt werden!

Der Anschneider und der Totengräber

Mit Recht zählt das Anschneiden und die Totengräberei zu den übelsten Eigenschaften, die ein Hund haben kann. Anschneider und Totengräber sind für die Jagd vollkommen unbrauchbar. Grundsätzlich soll hier festgestellt werden, daß es den geborenen Anschneider nicht gibt. Ein Jagdhund wird erst durch jahrelange „Übung" zu diesem Übeltäter.

Ob dieses Übel auszumerzen ist, vermag nur der zu entscheiden, der die Ursachen kennt. Eine der Ursachen mag beim Anschneider die sein, daß er nicht ordentlich gefüttert wird. Der Wildhund war bekanntlich Selbstversorger, er hat alles gefressen, was er erwischen konnte. Bei einem hungrigen Hund schlagen hier offensichtlich die Triebe seiner Urahnen durch. Grundsätzlich sollte man einen Jagdgebrauchshund dazu bringen, daß er nur das frißt, was ihm von seinem Herrn vorgelegt wird.

„Genossen machen" heißt in der Jägersprache, dem Hund einen Belohnungshappen geben. Dabei sollte man dem Hund immer wieder zu verstehen geben, daß er nur das annehmen darf, was ihm von seinem Hundeführer gereicht wird. Sollte der Hund dennoch wieder zum Anschneiden neigen, so kann es manchmal nicht ohne eine gerechte Strafe abgehen.

Mit dem sogenannten Totengräber ist es eine andere Sache. Diese Eigenschaft ist – im Gegensatz zum Anschneiden – oft erblich bedingt. In vielen Fällen ist der Hund durch nichts dazu zu bringen, das einmal vergrabene Stück oder die betreffende Stelle zu zeigen. Es ist daher angebracht, dort zu suchen, wo der Hund im Beisein des Jägers nicht suchen will, denn dort ist das Stück im allgemeinen zu finden.

Es sollte nicht vergessen werden, daß es in den Urinstinkten des Hundes liegt, den Rest seiner Beute bis zum späteren Verzehr irgendwo zu vergraben. Diese Art von Totengräberei ist noch recht harmlos. Unangenehm wird es erst mit dem notorischen Totengräber, der erst, wenn er sich unbeobachtet fühlt, in erstaunlicher Schnelligkeit und großer Sorgfalt vergräbt.

Ich habe einem meiner Hunde das Vergraben abgewöhnt, indem ich ein Stück Fleisch an eine Schnur gebunden habe. Dieses Stück habe ich dem Hund zum Eingraben überlassen, da es ja wegen der Schnur nicht schwer wiederzufinden war. Das Stück Fleisch habe ich dann, im Beisein des Hundes, ausgegraben und ihn gezwungen, es zu bringen. Es war allerdings einige Härte notwendig, bis ich ihn so weit hatte. Diese Prozedur habe ich ein halbes Jahr durchgestanden. Der Hund wurde mehrmals hart bestraft, allerdings nicht von mir, sondern von einem Gehilfen. Ich habe in der Nähe gestanden und sofort tröstend auf ihn eingeredet.

Wie gesagt, nach einem halben Jahr war er geheilt.

Der mannscharfe Hund

Wie oft kann man in verschiedenen Anzeigen lesen, daß sogenannte mannscharfe Hunde angeboten werden, die sich dann später als Angstbeißer herausstellen.

Wer sich eingehend mit diese Materie befaßt hat, der konnte bestimmt schon einmal feststellen, daß es Jagdhunde gibt, die Haus und Hof auf das Beste verteidigen, mit dem Auto ist es genauso; im Revier aber versagen sie vollkommen, weil sie nicht mehr in der gewohnten Umgebung waren. Oft haben Jagdhunde, die auf Raubwild besonders scharf sind, auch die Veranlagung zur Mannschärfe, und diese Veranlagung wird in den meisten Fällen nicht erkannt.

Es gibt auch Jäger, die einen mannscharfen Hund aus der Angst heraus ablehnen, nur Schwierigkeiten mit ihm zu bekommen. Doch ist es manchmal von Vorteil, wenn ein vierbeiniger Jagdgenosse zur Verteidigung dabei ist.

Viele Hundeführer verwechseln auch den Beißer oder Raufer mit einem wirklich mannscharfen Hund. Voraussetzung für die Erziehung zu einem mannscharfen Hund ist ein absoluter Gehorsam, denn wenn nicht jeder Befehl sicher sitzt, sollte mit der „Mannarbeit" nicht begonnen werden. Man hat den Hund sonst nicht in der Hand,

144

und es kann zu wirklichen Unannehmlichkeiten kommen. Planloses Zupacken ist noch lange keine Mannschärfe. Der Hund muß erkennen, wann seinem Herrn Gefahr droht, und er muß sich dann ausschließlich auf den Angreifer konzentrieren.

Auch blindwütiges Angreifen ist nicht von Vorteil. Der Hund muß lernen, sich selbst durch einen geschickten Angriff aus der Gefahrenzone zu bringen. In den meisten Fällen wird die drohende Waffe, sei es ein Prügel oder ein Schießeisen, in der Hand des Angreifers sein, und darauf muß sich der Hund konzentrieren. Er soll auch einem fliehenden Übeltäter nachstellen und ihn so lange festhalten, bis ihn sein Hundeführer in Gewahrsam nehmen kann.

Ein gut abgerichteter Hund muß den Beweis erbringen, daß seine Mannschärfe nicht die Quelle ständiger Befürchtungen ist, sondern nur dem Zwecke des Schutzes seines Herrn dient.

Ich für meine Person muß zugeben, daß ich nie einen mannscharfen Hund in meiner Jägerlaufbahn hatte, und trotzdem haben wir uns, mein Hund und ich, immer zu wehren gewußt.

Der Fahrradhetzer

Meistens ist es im sogenannten „Lausbubenalter" von etwa 10 bis 12 Monaten, daß ein Junghund dazu neigt, jedem Radfahrer laut bellend nachzurennen. Wenn er dabei auch noch versucht, an die Hosenbeine oder gar an die Waden zu kommen, so kann es für den Radfahrer sehr unangenehm und für uns unter Umständen sehr teuer werden.

Es ist grundfalsch, den Hund nach seiner Rückkehr zu bestrafen, denn dann weiß er nicht mehr, weshalb er seine Strafe erhält. Diese muß an Ort und Stelle, also bei frischer Tat erfolgen, und das kann folgendermaßen vor sich gehen: Ein Bekannter fährt mit dem Fahrrad an unserem Zaun vorbei. Der Hund wird, wie immer, mit seiner Hetze ansetzen. Der Hundeführer kann ihm nun die kurze Leine freigeben und ihn an der langen Leine weiterlaufen lassen, bis der Hund plötzlich mit einem Ruck, ein Dressurhalsband tut noch einiges mehr, zurückgerissen wird. Der Hund kann noch zusätzlich bestraft werden, wenn ihm der Radfahrer eine Handvoll kleiner Kieselsteine auf das Fell wirft. Dies hat doppelte Wirkung.

Der zurückgeholte Hund muß vom Hundeführer gelobt werden, er wird sich mit dieser Methode das Fahrradhetzen sehr schnell abgewöhnen. Auf dem Fahrrad darf niemals der Hundeführer sitzen, denn dieser soll sein Tier nach der verabreichten Strafe loben.

Der Hausgeflügeljäger

Unser Jagdhund, der einen angeborenen und angezüchteten Jagdinstinkt hat, wird schon als Welpe oder Junghund vor dem Haus nicht haltmachen. Erst recht der Junghund, der nicht von Anfang an mit Tauben, Enten und Hühnern aufgewachsen ist, und dem die Jagd auf diese Tiere nicht von klein auf ausgetrieben wurde. Besonders schwer sind temperamentvolle Hunde von dieser Art „Jagd" abzubringen.

Um unseren Jagdhund geflügelrein zu machen, können wir die Abrichtemethode ähnlich der beim Fahrradhetzer anwenden. Auch hier bewirkt das Dressurhalsband Wunder. Der Hund wird, wenn er auf das Huhn losstürmt, von der kurzen Leine gelassen, und er merkt erst, wenn die lange Leine zu Ende ist, wie schmerzhaft das Dressurhalsband sein kann. Er wird augenblicklich von der Henne ablassen. Auch hier ist sehr wichtig, daß man einen Gehilfen zur Stelle hat, da der Hundeführer seinem Hund nach einem erlittenen Schmerz immer Trost zusprechen muß.

Es gibt aber auch die unverbesserlichen Hetzer, die selbst durch noch so harte Maßnahmen nicht davon abzubringen sind, das Hausgeflügel des Nachbarn zu hetzen und abzuwürgen. In den meisten Fällen war es die beste Legehenne. Es ist sehr schwierig, dem Hund diese Untugend abzugewöhnen. Ich habe die besten Erfolge errungen, indem ich dem Hund das abgewürgte Geflügel rigoros um den Schädel geschlagen habe. Als härtere Strafe kann noch ein Gehilfe mit einer Handvoll ganz kleiner Kieselsteine nachhelfen, die er dem Hund auf den Pelz wirft. Sollten auch diese drakonischen Maßnahmen ihre Wirkung verfehlen, bleibt nur die Trennung von diesem Hund. Der Halter oder Züchter erspart sich viel Ärger und braucht im Schadensfall nicht für Ersatzansprüche einstehen, (siehe „beste Legehenne").

Es ist mir klar, daß das alles sehr hart klingt, aber ständiger Ärger ist auch nicht das Gesündeste.

Der Streuner

Wer kennt die Situation nicht: Schon seit sechs Stunden ist er überfällig, unser bestens abgerichteter Jagdhund, nichts konnte ihn zu Hause halten, der Duft der Abfallgrube beim Bauern oder gar einer läufigen Hündin war einfach stärker.

Wer hat das nicht schon erlebt, wie er dann nach Hause kommt, voller Schuldgefühle, einen furchtbaren Gestank um sich verbreitend! Trotzdem versucht er es nach einiger Zeit wieder. Um unserem Hund das abzugewöhnen, hilft nur eine harte Strafe, die aber nichts als eine gerechte, aber liebevolle Strenge sein soll.

Man kann den Hund genau beobachten; draußen lockt ein anderer Hund, oder es ist irgend etwas Interessantes zu sehen; ein Loch im Zaun ist schnell gefunden, und schon versucht er, hinaus zu kommen. Eine feingliedrige Kette oder irgendein anderer harter Gegenstand wirkt Wunder, wenn es plötzlich hart auf seinem Fell brennt, auch Schrotkörner leisten hier beste Hilfe. Das Kommando „Pfui" wird den Hund zu seinem Herrn zurück bringen. Wenn er dann gelobt wird und man diese Prozedur einigemale wiederholt, wird es mit dem Streunen bald vorbei sein. Der Hund wird sehr schnell erkennen, daß außerhalb des Zaunes nichts Gutes auf ihn wartet und sich das wahre Paradies nur innerhalb der Einzäunung auftut.

Der Kläffer

Niemand kann etwas gegen einen Jagdhund haben, der gelegentlich seine Stimme hören läßt, der also einen lockeren Hals hat, wenn zum Beispiel jemand an der Haustüre steht oder gar ein ungebetener Gast kommt. Auch Freudengeheul oder Bellen aus Übermut wird von uns nicht übel genommen. Wer aber kennt sie nicht, die Dauerkläffer, die in regelmäßiger und sturer Konsequenz das ganze Jahr über am Zaun entlang rennen und jedem mit ihrem sinnlosen Gekläffe den letzten Nerv töten!

Es ist ein ausgesprochener Erziehungsfehler, der von Anfang an abgestellt werden kann. Um einen Kläffer zur Vernunft zu bringen, hilft nur ein eisernes Verbot. Reagiert der Hund nicht auf das Kommando „Pfui", so muß eine härtere Methode angewandt werden. Auch hier ist das Werfen mit einer ganz feingliedrigen Kette angebracht. Auf jeden Fall kann man sich sehr viel Ärger ersparen, wenn dieser Fehler bei unserem Jagdhund von frühester Jugend an ausgemerzt wird. Lautgeben ja, aber alles zu seiner Zeit.

Der Raufer

Bei Prüfungen, auf Treibjagden und auch bei anderen Gelegenheiten kann immer wieder beobachtet werden, daß Hunde dabei sind, die mit dem Raufen beginnen, sobald auch nur ein anderer Hund in ihre unmittelbare Nähe kommt, und die sofort lammfromm sind, wenn sie von der Leine gelassen werden. Es gibt aber auch jene, die grundsätzlich eine Rauferei beginnen, ganz egal, ob angeleint oder unangeleint. Dann gibt es noch Rüden, die grundsätzlich mit allen Geschlechtern raufen, egal ob Rüde oder Hündin. Über all diese Phänomene soll nachfolgend berichtet werden.

Grundsätzlich sei erwähnt, daß der Hundeführer, der die Abrichtung seine Jagdhundes sorgfältig und gewissenhaft durchgeführt hat, auch mit einem Raufer nicht viel Schwierigkeiten haben wird. Gerät man aber an einen notorischen Raufer, also an einen wesensschwachen, so nützen nur harte Strafen. Ich habe schon Hunde erlebt, die geraten beim Anblick eines Artgenossen in eine Art Wahnsinnszustand und stürzen sich lauthals ins Getümmel. Bei dieser Untugend hilft nur eine Methode: Der Hund muß durch ein gehöriges kraftvolles und kraftraubendes Laufpensum zur Räson gebracht werden. Wenn ihm dann die Zunge bis zum Boden hängt, wird er sich sehr wohl überlegen, ob er noch irgendeinen Raufhandel anfängt.

Sollte er immer noch nicht genug haben und beim Zusammentreffen mit anderen Hunden noch weitere Raufgelüste haben, dann nützt nur noch, es tut mir leid, das sagen zu müssen, eine ordentliche Tracht Prügel mit der Gerte. Der so in die Kur genommene Hund wird sich überlegen, ob er noch etwas unternehmen soll.

Erst nachdem diese Methode ein paarmal angewendet wurde, sollte man mit ihm wieder einem anderen Hund gegenübertreten und versuchen, die beiden Hunde zuerst in einem weiteren Abstand und dann immer näher einander gegenüber ablegen lassen. Natürlich kostet dies viel Mühe, man erspart sich aber auch viel Ärger, und ein gewissenhafter Hundeführer wird es schaffen, schon seinem Hund zuliebe, denn als Hofhund soll er ja nicht enden.

Im übrigen führen sich Rüden untereinander zwar stärker auf, es sind aber doch sehr viele Scheingefechte dabei. Bei Hündinnen wird es immer gefährlich, wenn diese sich untereinander in die Wolle kriegen.

Weshalb dreht sich der Hund vor dem Niederlegen ein paarmal im Kreis?

Jedem Hundeführer oder -halter wird schon aufgefallen sein, daß sich sein vierbeiniger Jagdgehilfe vor dem Niederlegen erst einigemale im Kreise dreht. Es ist eine reine Instinkthandlung, die er noch von seinen Vorfahren übernommen hat. Diese hatten nämlich, im Gegensatz zu unseren Hunden, noch kein sogenanntes „gemachtes Bett". Sie mußten sich erst eines schaffen.

Durch die drehende Bewegung wurden Bodenunebenheiten beseitigt bzw. ausgeglichen oder hohes Gras zu Boden gedrückt, und der Hund erhielt so sein Lager. Auch das eigene Haarkleid wurde durch das Drehen in eine gewisse Längsrichtung gebracht und somit ein besserer Isolierschutz erreicht.

Wenn wir unseren Jagdhund aufmerksam beobachten, so können wir auch heute noch feststellen, daß er sich bei Regen eine gesicherte Mulde schafft und bei großer Hitze versucht, die oberste Erdschicht abzukratzen, um an den kühlen Untergrund zu kommen.

Es ist also auf keinen Fall irgendeine Marotte unseres Hundes, diese Bewegung soll durchaus etwas Positives für ihn bringen.

DER JAGDHUND IN DER FAMILIE

Etwa vom vierten Lebensmonat an werden sich zwischen dem Hund und der Familie Beziehungen bilden, die – je nach Person – fester oder weniger fest sein werden. Die innigste Verbindung wird es zumeist mit dem Frauchen geben, da sie ihm meist das Futter reicht, die respektvollere mit dem Hausherrn, weil jener versucht, ihm etwas beizubringen, und da geht es nicht immer nur mit Liebe ab.

Den Jäger wird der Hund stets als Meuteführer anerkennen, denn von ihm hat er alles gelernt, was er kann, und mit ihm kann er seiner schönsten Beschäftigung nachgehen, nämlich der Jagd.

Auf den Jäger wartet er die ganze Zeit während dessen Abwesenheit, und er begrüßt ihn am lebhaftesten. Der Hundeführer wird auch vom Hund am schärfsten beobachtet.

Meistens ist es so, daß sich im Verhältnis zu den übrigen Familienangehörigen eine gewisse Rangordnung herausbildet. An zweiter Stelle, neben seinem Herrn, akzeptiert der Hund die Frau des Hauses, denn sie verabreicht ihm, wie bereits erwähnt, das Zweitwichtigste für ihn, sein Futter. Bei den Kindern wird das Verhältnis schon etwas komplizierter, denn der Hund weiß genau, wem er gehorchen muß und wem

Liebe auf den ersten Blick

nicht, man kann es ihm direkt ansehen, wenn er sich Zeit läßt, um einen Befehl von einer Person auszuführen, der er nicht unbedingt Gehorsam zeigen muß.

An dieser Stelle soll noch einiges über das Verhältnis Hund und Kind gesagt werden. Auch der Hund kennt gegenüber dem Menschen Haß und Eifersucht. Gerade unser Jagdhund, zumindest die meisten Rassen, haben das angeborene Bewachungsbedürfnis gegenüber kleinen Kindern. Sie gehorchen manchmal aus dem Gefühl der Überlegenheit und lassen sich Grobheiten von Kindern gefallen, die sie an anderer Stelle sofort zum Beißen veranlassen würden. Der Jagdhund neigt aber sofort zur Eifersucht, wenn er merkt, daß das Kind von seinem Herrn bevorzugt wird.

Unser Jagdhund wird immer seine Anhänglichkeit, sein Zutrauen und erst recht seine Treue uns gegenüber unter Beweis stellen, wenn ihm sein Platz in unserer Lebensgemeinschaft zugebilligt wird und wir ihm gegenüber einen anständigen Ton pflegen. Hund und Jäger sollten eine seelische Gemeinschaft bilden, die nicht in Vermenschlichung ausarten darf, er muß immer unsere Überlegenheit und besonders unsere Vernunft, aber auch unsere Liebe zu ihm spüren.

VERBANDS- UND PRÜFUNGSWESEN

Jäger und Hund sind zwei untrennbar miteinander verbundene Begriffe. Aber ebenso und vielleicht noch mehr gibt es eine Beziehung zwischen Kynologie und dem Jagdgebrauchshund; denn wirklich übersetzt heißt Kynologie „Die Lehre vom Hund". In der Praxis wird die Bezeichnung für organisierte Rassehundezucht verwendet.

Keine geringeren als die beiden Altmeister Oberländer und Hegewald forderten als erste die Pflichthaltung von Hunden zur Jagd und die Leistungsprüfung für Jagdhunde. Es hat lange gedauert, bis sich diese Forderung durchgesetzt hat.

Es war ein denkwürdiger Tag, als im Jahre 1892 die erste VGP Verbands-Gebrauchs-Prüfung stattfand, ein Markstein in der Geschichte des Jagdgebrauchshundewesens, und wieder waren Hegewald und Oberländer diejenigen, die die Sache vorangetrieben haben.

Wenn eine um diese Zeit begonnene Arbeit über zwei Menschenalter nicht nur Bestand, sondern darüber hinaus eine ungeahnte Breitenwirkung hatte, dann muß etwas Gutes, ja Notwendiges daran sein.

Heute sind die Jagdgebrauchshundeprüfungen zu einem festen Bestandteil des Jagdhundewesens geworden. Die Jagdkynologie, die einen wesentlichen Anteil am allgemeinen züchterischen Geschehen hat, ja, die in den Uranfängen den Ausgangspunkt für die Hundezucht überhaupt darstellte, hat gerade in unserer Zeit ihre Position in den Verbänden und Vereinen, also in den Züchterorganisationen.

Eine Sache kann man durch Werbung und Reklame forcieren, auch ein Hegewald mußte Reklame machen, um sich in dem Durcheinander des kynologischen Gestrüpps Gehör zu verschaffen, aber halten konnte sich eine Sache nicht allein mit Reklametricks, es gehörte auch Qualität dazu. Und unsere Altvorderen haben ganz gewaltige Kontroversen geführt.

Bereits im Jahre 1891 gründeten waidgerecht gesinnte Jäger in Berlin den ersten „Verein für Prüfungen von Gebrauchshunden für die Jagd". Nach der Prüfungsordnung dieses Vereins wurde die erste Gebrauchsprüfung im Jahre 1892 abgehalten. Wie gut diese Prüfungsordnung war, geht daraus hervor, daß unsere heutigen Prüfungsordnungen im Prinzip und in den Grundfächern die gleichen geblieben sind.

Leistung plus Formwert sind die Voraussetzung dafür, um mit einem Rüden decken oder mit einer Hündin züchten zu können. Beide Begriffe bedeuten alles in der **Jagdhunde-Rassezucht.**

Die im Jahre 1892 durchgeführte Gebrauchsprüfung brachte nicht nur eine Wende in der Zucht der brauchbaren Jagdhunde, sie trug auch entscheidend zur Veredelung des Waidwerks nach humanen Gesichtspunkten bei.

Die Entwicklung und Zucht unserer Jagdgebrauchshunderassen ist untrennbar mit der Geschichte der Jagd verbunden. Jeder Jäger, der sich einen Jagdhund zulegt, sollte ihn abrichten und führen, und wenn er der Meinung ist, daß der Hund so weit ist, zu einer Jagdgebrauchshundeprüfung anmelden.

Statistiken weisen nach, daß nur etwa 30 bis 40 Prozent der gezüchteten Jagdhunde zu einer Prüfung kommen. Es läßt sich also nicht von der Hand weisen, daß bei den restlichen 60 Prozent, die zwar jagdlich meistens geführt werden, aber nie bei einer Prüfung auftauchen, sehr gutes Hundematerial vorhanden ist.

Es ist für einen Hundeführer ein stolzes Gefühl, wenn er und sein vierbeiniger Waidgenosse bei einer Prüfung erfolgreich abgeschnitten haben.

Mancher Jäger würde seinen Hund gerne auf Prüfungen führen und erst recht darauf vorbereiten, hätte er nicht Angst vor diesem ihm völlig unbekannten Metier. Dabei ist beides, weder das Abrichten eines Jagdhundes, noch das Führen auf einer Prüfung, beileibe kein Kunststück. Es erfordert nur sehr viel Übung und vor allen Dingen Geduld. Es kann nur bei demjenigen schiefgehen, der von Haus aus eine negative Einstellung zu Tieren hat, dann ist er aber auch kein guter Jäger.

Dem völlig unerfahrenen, aber interessierten Jäger sollen diese Zeilen einen Weg aufzeigen, wie er sich und seinen Hund vorbereiten und auf Prüfungen vorstellen kann:

Auch der erfahrene Jägersmann und sogenannte „alte Hase" sollte nicht unvorbereitet zu einer Prüfung erscheinen, denn dann könnte er sein blaues Wunder erleben, weil sein Hund nämlich auch nur ein Lebewesen ist und keine Maschine.

Nachfolgend einige Hinweise auf das Prüfungswesen im allgemeinen und auf die einzelnen Prüfungen

Gerichtet wird nach den Prüfungsordnungen des jeweiligen Landes, die im großen und ganzen identisch sind und gegenseitig anerkannt wurden. Stellvertretend für alle Jagdhunderassen sollen hier die Prüfungen für Vorsteh- und für Dachshunde aufgeführt werden.

Beide Prüfungsordnungen wurden von den organisierten Verbänden von Staaten, die Jagdgebrauchshundeprüfungen durchführen, anerkannt.

Verantwortlich für die Durchführung der einzelnen Prüfungen sind die jeweiligen Vereine oder Klubs.

Die einzelnen Prüfungen

- **Verbands-Jugendprüfung** (VJP)
- **Verbands-Herbstzuchtprüfungen** (HZP)
- **Verbands-Gebrauchsprüfung** (VGP)
- **Verbands-Schweißprüfung** (VSwPO)

Sinn und Aufgabe der Verbands-Jugendprüfung ist die Feststellung der natürlichen Anlagen des Junghundes im Hinblick auf seine Eignung und zukünftige Verwendung im vielseitigen Jagdgebrauch und eventuell auch als Zuchthund.

Zugelassen werden nur solche Hunde, die im anerkannten Zuchtbuch der dem Jagdgebrauchshundeverband angeschlossenen Zuchtverbände (Zuchtvereine) eingetragen sind.

Die Meldung zur Zuchtprüfung ist durch den Eigentümer oder den Führer des betreffenden Hundes einzureichen. Der Führer des Hundes muß dem Prüfungsleiter vor Prüfungsbeginn die Ahnentafel und den Impfpaß des Hundes, mit Nachweis der vom Gesetzgeber, dem JGHV oder den Veranstaltern vorgeschriebenen, rechtzeitigen und noch wirksamen Impfungen aushändigen. Die Vorschrift bezüglich der Ahnentafel und des Impfpasses gilt grundsätzlich für alle nachstehend aufgeführten Prüfungen. Die Hunde müssen gegen Tollwut, Staupe, Hepatitis und Leptospirose geimpft sein. Die Impfung darf nicht länger als ein Jahr zurückliegen, und der Hund muß spätestens vier Wochen vor der Prüfung geimpft worden sein.

Auf der VJP sind folgende Fächer zu prüfen:

• **Spurarbeit**
• **Nase**
• **Suche**
• **Vorstehen**
• **Führigkeit**

Festzustellen sind:

Art des Jagens: sichtlaut-spurlaut, fraglich, stumm, waidlaut

Schußfestigkeit: schußfest, leicht schußempfindlich, schußempfindlich, stark schußempfindlich, schußscheu.

Verhaltensweisen des Hundes: Scheue oder Ängstlichkeit, handscheu, Scheue bei lebendem Wild, ängstliche Haltung gegen Fremde.

Körperliche Mängel: Gebiß: Zangen- oder Kreuzgebiß, Vorbeißer, Rückbeißer, Prämolarfehler, Molarfehler oder andere Zahnfehler. Augen: Entropium (krankhafte Eindrehung des freien Lidrandes; Ektropium (Auswärtsdrehung des freien Augenlidrandes); Hodenfehler oder andere grobe körperliche Mängel.

Die Spurarbeit: Die Spurarbeit wird auf der Spur des dem Hund nicht oder nicht mehr sichtbaren Hasen geprüft. Die Spursicherheit zeigt sich in der Art, wie der Hund die Spur hält und sie als Erfolg seines Bemühens selbständig und sicher vorwärts bringt.

153

Die Nase: Die feine Nase zeigt sich bei der Suche vor allem im häufigen Finden von Wild, weiters durch Anzeigen desselben und durch kurzes Markieren von Witterungsstellen.

Vorstehen: Die Anlage zum Vorstehen zeigt sich darin, daß der Hund gefundenem Wild vorsteht oder vorliegt. Ein Durchstehen wird bei der Jugendprüfung nicht verlangt.

Führigkeit: Die Führigkeit zeigt sich im Bestreben des Hundes, mit seinem Führer Verbindung zu halten.

Feststellung der Schußfestigkeit: Zur Prüfung der Schußfestigkeit sind während der Suche eines jeden Hundes in seiner Nähe (30 bis 50 m Abstand) mindestens zwei Schüsse mit einem Zeitabstand von wenigstens 20 Sekunden abzugeben. An dieser Stelle ein Hinweis: Wenn sich der Führer nicht sicher ist, dann sollte er nicht unbedingt über den Kopf des Hundes hinweg schießen, sondern in die entgegengesetzte Richtung oder seitwärts.

Auf der HZP werden folgende Fächer geprüft:

Spurarbeit: Hier gilt die Hasenspur als Pflichtfach. Die Spurarbeit wird auf der Spur des dem Hund nicht oder nicht mehr sichtbaren Hasen geprüft. Der Spurwillen ist daran erkennbar, wie der Hund sich auf die Arbeit einstellt.

Nase: Bewertung wie bei der VJP.

Suche: Bei der Suche ist der Hauptwert auf den Willen zum Finden zu legen. Wert wird auf die jagdliche Ausdauer gelegt.

Vorstehen: Gefundenem Wild soll der Hund vorstehen oder vorliegen. Das sehr gute Vorstehen zeigt sich unter anderem darin, daß der Hund gefundenem, festliegendem Wild so lange vorsteht oder vorliegt, bis sein Führer herangekommen ist oder das Wild abstreicht oder aufsteht.

Hunde, bei denen Blinken (Nichtbeachtung des Wildes) festgestellt wurde, können die Prüfung nicht bestehen.

Die **Führigkeit** wird wie bei der VJP bewertet.

Wasserarbeit: Beim Stöbern im Schilf hinter der Ente darf der Hund das Aussetzen der Ente nicht eräugen. Sobald die Ente in der Deckung für den Hund nicht mehr sichtbar ist, wird er am markierten Anschuß angesetzt und zum Stöbern auf der frischen Witterung veranlaßt. Für die Stöberarbeit erhält der Hund 10 Minuten Zeit.

Verlorensuche in tiefem Schilfwasser: Der Hund muß die geschossene Ente finden und seinem Führer zutragen.

Verlorensuche von Federwild: Der Hund muß ein möglichst frisch geschossenes Stück Federwild bringen, entweder bei der Arbeit am geflügelten Fasan oder beim Verlorensuchen eines frisch geschossenen Fasans.
Bei der Schleppenarbeit wird ein williges und selbständiges Finden sowie ein schnelles Aufnehmen und freudiges Bringen des Stückes, ohne weitere Beeinflussung durch den Führer, gefordert.
Bei der Haarwildschleppe, die mit einem Hasen oder einem Kaninchen gelegt wird, werden die Art des Bringens, wie der Hund aufnimmt, wie er das Wild trägt und die korrekte Abgabe an den Hundeführer bewertet.
Anschneider und Totengräber sowie hochgradige Knautscher und Rupfer können die Prüfung nicht bestehen.

Gehorsam: Der Gehorsam ohne Wildberührung zeigt sich in der Lenkbarkeit des Hundes bei der Arbeit und darin, daß der Hund den Befehlen seines Führers, sei es durch Ruf, Pfiff oder Wink, sofort willig folgt. Gehorsam bei Wildberührung wird bei dieser Prüfung nicht verlangt.

Arbeitsfreude: Bei der Beurteilung der Arbeitsfreude kommt es auf die durch Charakter und Anlage bedingte Arbeitslust und auf den Arbeitswillen an, den der Hund in allen Fächern zeigt.

Art des Jagens (Laut): Der Laut kann nur am Fuchs oder Hasen erbracht werden. Feststellung der Schußfestigkeit wie bei der VJP.

Auf der VGP sind folgende Fächer zu prüfen:

Die Verbands-Gebrauchsprüfung (VGP) ist eine Leistungsprüfung und die Königin aller Prüfungen. Auf der VGP, die man als Meisterprüfung bezeichnet, soll alleine die Ermittlung und Feststellung der abgeschlossenen Ausbildung, wie sie für den praktischen Jagdbetrieb notwendig ist, erfolgen.

Im Gegensatz zu den Anlageprüfungen VJP und HZP ist auf der VGP die Leistung der Hunde in den einzelnen Fächern zu prüfen.

Die fünf Fachgruppen der VGP

1. Waldarbeit:
Riemenarbeit, zusätzlich Totverbellen und Totverweisen. Fuchsschleppe Hasen- oder Kaninchenschleppe, Stöbern, Buschieren.

2. Wasserarbeit:
Stöbern im Schilf ohne Ente, Stöbern im Schilf hinter Ente, Verlorensuche aus tiefem Schilfwasser.

3. Feldarbeit:
Nase, Suche, Vorstehen, Manieren am Wild einschl. Nachziehen, Arbeit und Bringen am geflügelten Fasan.

4. Gehorsam:
im Wald, bei der Wasserarbeit, im Feld, Verhalten auf dem Stand, Folgen frei bei Fuß, Ablegen und Leinenführigkeit, Schußruhe und Benehmen vor Wild.

5. Bringen: Bringen von Fuchs, Hase oder Kaninchen und von Federwild.

Zusammenarbeit mit dem Führer und Arbeitsfreude. Unter die Fachgruppe **Waldarbeit** fällt die Schweißarbeit auf Schalenwild als Riemenarbeit, gegebenenfalls mit anschließendem Verbellen oder Verweisen, die Fuchs-, Hasen- oder Kaninchenschleppe, das Stöbern und Buschieren. Die künstlichen Schweißfährten müssen im Tropf- oder Tupfverfahren hergestellt werden.

Die Haarwildschleppen gehören zur Waldarbeit. Ein Hund, der ein gegriffenes, frisch geschossenes oder auf der Schleppe gefundenes Stück Nutzwild beim erstmaligen Finden nicht selbständig bringt, scheidet aus der Prüfung aus.

Für die Stöberarbeit sind Gehölze oder Schonungen in Revierteilen zu wählen, die mit Niederwild gut besetzt sind. Der Hund muß das ihm zugewiesene Gelände gründlich durchstöbern. Ungehorsame Hetzer, die erst nach längerer Zeit zurückkehren, genügen nicht den Ansprüchen, die an einen firmen Jagdgebrauchshund gestellt werden müssen. Sie werden von der Weiterprüfung ausgeschlossen.

Das Buschieren wird im Stangenholz, auf niedrigen Kulturen oder kurz bewachsenen Schlägen geprüft. Der Hundeführer muß beim Buschieren, falls kein Wild geschossen wird, auf Anordnung einen oder mehrere Schrotschüsse geben. Der Hund soll unter der Flinte suchen und sich leicht, ohne viele und laute Kommandos, von seinem Führer dirigieren lassen.

Bei der **Wasserarbeit** bzw. beim Stöbern im Schilf ohne Ente soll der Hund auf bloßen Befehl seines Führers und ohne weitere Anregung, z.B. durch Schuß oder Steinwurf, ins Wasser gehen und dort im Schilf stöbern.

Beim Stöbern hinter der Ente im Schilf wird der Hund, sobald die Ente nicht mehr sichtbar ist, am Anschuß angesetzt und zum Stöbern auf der frischen Witterung veranlaßt.

Beim Bringen aus tiefem Schilfwasser soll die Ente vor dem Hund geschossen werden. Die Ente muß vom Hund gebracht und dem Hundeführer korrekt abgegeben werden.

Bei der **Feldarbeit** soll jedem Hund Gelegenheit gegeben werden, mehrfach an Federwild zu arbeiten, damit sich die Richter ein zutreffendes Urteil über die Leistungen des Hundes, besonders über seine Nase, bilden können.

Bei der Beurteilung der Suche kommt es in erster Linic auf den Finderwillen, daneben auf die Planmäßigkeit an. Die Suche sollte flott und ausdauernd sein.

Beim Vorstehen ist hoch zu bewerten, wenn der Hund festliegendes Wild gefunden hat und so lange vorsteht oder vorliegt, bis sein Führer in ruhiger Gangart herangekommen und neben ihm ist und vor allen Dingen ohne Eile zum Schuß kommen kann.

Neben dem Vorstehen sind das Nachziehen und die guten Manieren am Wild ein wertvoller Bestandteil der Feldarbeit.

Die Arbeit am geflügelten Huhn wird hoch bewertet, wenn der Hund das Geläuf eines geflügelten Fasans oder Huhns ausarbeitet, das Wild findet und seinem Führer bringt.

Bei den **Gehorsamsfächern** ist folgendes zu beachten: Der Gehorsam im Wald bezieht sich auf das Benehmen des Hundes bei der Schweißarbeit, auf den Haarwildschleppen, beim Stöbern und beim Buschieren.

Beim Verhalten auf dem Stand während des Treibens werden die Führer mit ihren Hunden – diese angeleint oder frei – als Schützen an einer Dickung aufgestellt, während andere Personen die Dickung mit dem üblichen Treiberlärm durchgehen. Der Hund muß sich bei dieser Prüfung ruhig verhalten, er darf nicht winseln, Laut geben, am Riemen zerren oder ohne Befehl vom Führer weichen.

Das Folgen frei bei Fuß wird in der Weise geprüft, daß der unangeleinte Hund dicht hinter oder neben dem linken Fuß folgt.
Die Gehorsamfächer werden wie die bei der HZP geprüft.

Benehmen vor eräugtem Wild. Der Hund soll, ohne daß es einer Einwirkung bedarf, abstreichendem Federwild nicht nachprellen.

Hasenhetzer, die sich immer wieder weder durch Ruf, noch durch Pfiff zurückrufen lassen, wiederholt erst nach längerer Zeit von der Hetze zurückkehren, haben Pech gehabt, denn sie werden von der Prüfung ausgeschlossen.

Beim **Bringen** ist die Art des Aufnehmens, Tragens und Abgebens von Haarnutzwild (Hase und Kaninchen), Raubwild (Fuchs) und Federwild (Ente, Fasan, Huhn) bei der Prüfung auf den Schleppen, des Bringens oder Verlorenbringens während der Prüfung zu bewerten.

Das Bringen von Fuchs über Hindernis wird an Gräben oder Hürden geprüft. Der Hund darf das Hindernis nicht durchwaten, überklettern oder umgehen können.

Den Fuchs muß der Hund, nach einmaligem Springbefehl, über das Hindernis bringen.

Die Verbands-Schweißprüfung (VSwPO)

Die Verbandsvereine können als Sonderprüfung eine Prüfung auf der künstlichen Rotfährte abhalten. Bei der Verbands-Schweißprüfung darf die Fährtenlänge nicht unter 1000 Meter betragen. Die Fährte muß im Wald liegen, eingeschlossen vorhandene Blößen, Kahlschläge und Waldwiesen.

An Schweiß darf je Fährte nicht mehr als ein viertel Liter verwendet werden.

Bei der Herstellung der Schweißfährten ist sowohl das Tupf- als auch das Tropfverfahren zulässig, andere Hilfsmittel sind nicht erlaubt.

Die Fährten müssen über Nacht gestanden haben. Stehzeit mindestens 20 Stunden. Zu einer Verbands-Schweißprüfung sind Angehörige aller Jagdhunderassen zugelassen. Das Mindestalter am Prüfungstag wurde auf 24 Monate festgesetzt. Der Eigentümer eines gemeldeten Hundes muß Mitglied eines dem Jagdgebrauchshundeverbandes angeschlossenen Vereins und der Hund im Zuchtbuch des zuständigen vom MGHV anerkannten Zuchtvereins eingetragen sein.

Zu führen ist der Hund bei der Arbeit an einem mindestens sechs Meter langen, gerechten Schweißriemen und gerechter Schweißhalsung, die nicht auf Zug arbeiten darf.
Es bleibt den Vereinen überlassen, die Prüfung dergestalt zu erweitern, daß in einer besonderen Gruppe auch auf Fährten geprüft wird, die zwei Nächte, also etwa 44 Stunden gestanden haben. Zu einer solchen Sonderprüfung sind nur Hunde zugelassen, die auf einer normalen Verbands-Schweißprüfung auf der übernächtigen Fährte erfolgreich waren.

Die Prüfungen der Dachshundeklubs verschiedener Länder, stellvertretend für alle Erdhunderassen

Die Prüfungen haben den Zweck, die jagdlichen Anlagen und Leistungen des Dachshundes, des kleinsten Jagdgebrauchshundes, nach den Regeln waidgerechter Jagd festzustellen.
Besondere Rasseeigenschaften sind Arbeit unter der Erde, Spurlaut, Schweißarbeit und Stöbern.
Ein Teckel kann an einer Gebrauchs- oder Anlagenprüfung nur teilnehmen, wenn er die Schußfestigkeit nachgewiesen hat. Er kann die Prüfung der Schußfestigkeit ablegen, wenn er volle neun Monate alt ist. Die Prüfung der Schußfestigkeit kann mit einer Gebrauchsprüfung verbunden werden. Sie muß vor der Prüfung abgelegt sein.

Die Spurlautprüfung (Sp)

Die Spurlautprüfung ist eine reine Anlageprüfung. Wegen ihrer Bedeutung für den Jagdgebrauch wird sie als Hauptfach gewertet. Nase, Spurlaut, Spurwille und Spursicherheit sind die Prüfungskriterien auf der Hasenspur in einem Feldrevier.
Nachdem ein Hase hochgemacht wurde, begibt sich der Hundeführer so schnell wie möglich, nach Aufforderung durch einen Richter, in die Nähe der Hasenspur und läßt seinen Hund frei suchen. Der Hund soll die Spur aufnehmen und ihr lauthals folgen.

Die Stöberprüfung (St)

Die Stöberprüfung gliedert sich in die Prüfungsteile „Stöberarbeit" und „Abrichtungsfächer", Führigkeit, Ablegen und Schußruhe sowie Benehmen auf dem Stand beim Treiben. Jedes einzelne Fach muß bestanden werden.

Für diese Prüfung sind nur geschlossene Waldparzellen, insbesondere Dickungen von mindestens 1 ha Größe zu nehmen, in denen mit dem Vorkommen von Wild zu rechnen ist.

Zugelassen werden nur Dackel, die vorher auf einer Spurlaut- oder Vielseitigkeitsprüfung ihren Spurlaut nachgewiesen haben.

Die Führigkeit, das Ablegen und die Schußruhe werden geprüft wie bei der VJP oder HZP.

Die Schweißführung auf künstlicher Wundfährte (SchwhK).

Bei dieser Prüfung gelten dieselben Kriterien wie bei der Verbands-Schweißprüfung.

Schweißprüfung auf natürlicher Wundfährte (SchwhN)

Nur jener Hund wird dem in der Jägerschaft hoch angesehenen Leistungszeichen „Schweißhund Natur" gerecht, der eine jagdliche Nachsuchen-Praxis besitzt. Aus diesem Grund wurde das Mindestalter des Hundes bei der Vergabe des Leistungszeichens auf 12 Monate festgesetzt, immer vorausgesetzt, daß der Dachsshund bereits auf der künstlichen Schweißfährte Erfolge aufweisen kann. Andernfalls muß er 18 Monate alt sein.

Die Nachsuche auf der Naturfährte muß in einem schwierigen Gelände stattfinden. Die Fährte muß mindestens 400 m lang sein und mindestens vier Stunden stehen. Das Stück muß zur Strecke gebracht worden sein.

Zur Beurteilung auf der Naturfährte haben neben dem Hundeführer zwei glaubwürdige Zeugen, die Jagdscheininhaber sein müssen, eine Beobachtungstafel auszufüllen, die von den Dachshundeklubs zu beziehen ist. Dieses Formular muß von beiden Zeugen unterschrieben und an den DTK eingeschickt werden. Der Teckel erhält das Leistungszeichen erst, wenn keinerlei Zweifel an der Arbeit vorhanden sind.

Die Vielseitgkeitsprüfung (VP)

Zugelassen werden bei der VP nur Dachshunde, die eine Spurlautprüfung bestanden haben.

Geprüft werden die Schweißarbeit, der Spurlaut, die Stöberarbeit, sämtliche Gehorsamsfächer. Alle Fächer werden gemäß den Bestimmungen der Einzelprüfungen beurteilt. Die VP gilt bei den Dachshunden als Meisterprüfung.

Eignungsbewertung für die Bodenjagd am Kunstbau (BhFK)

Der Fuchs zählt zu den Gewinnern in der Kulturlandschaft. Er hat praktisch keine natürlichen Feinde. Diese Tatsache kann auch zur Dezimierung – bis zur ernsthaften

160

Gefährdung – seiner Beutetiere führen. Die Schliefarbeit ist deshalb eine unabding-bare Vorbedingung für eine intensive Fuchsbejagung.

Ohne gut eingearbeitete Erdhunde kann die Bodenjagd weder tierschutzgerecht noch waidgerecht betrieben werden. Um den Teckel mit den Gefahren der Boden-jagd vertraut zu machen, ist eine tierschutzgerechte Vorbereitung unerläßlich. Die Priorität des Tierschutzes gilt auch dem Raubwild, indem bei der Prüfung im Kunst-bau jeder Körperkontakt vermieden wird.

Dackel unter 12 Monaten dürfen nicht eingearbeitet und geprüft werden.

An der Bewertung können nur Teckel teilnehmen mit dem Nachweis der Schuß-festigkeit und des Spurlautes. Deren Hundeführer oder Besitzer müssen die Ein-satzbereitschaft des Dachshundes für die Bodenjagd schriftlich bestätigen.

Eignungsbewertung in Jagdrevieren am Naturbau (BhFN)

Voraussetzung für diese Prüfung ist ein Alter von 12 Monaten. Um die Arbeit des Teckels bei der Jagd am Naturbau, unter Beachtung der Schonzeiten für das Raub-wild, mit einiger Sicherheit bewerten zu können, bedarf es der Beobachtung des Hundes durch erfahrene Bodenjäger. Der Naturbau sollte mindestens drei Ein- und Ausfahrten haben.

Sprengarbeiten von weniger als fünf Minuten Dauer finden keine Anerkennung. Das Einsetzen von Raubwild ist nicht gestattet.

Bei einer Bauarbeit kann, wenn mindestens zwei Richter des DTK und ein glaub-würdiger Zeuge zugegen sind, bei einer entsprechenden Leistung das Leistungszei-chen sofort zuerkannt werden.

Die Prüfungen Spurlaut, Stöber und Vielseitigkeit können auch Dachshunde im Al-ter von unter einem Jahr absolvieren. Bei Erfolg erhalten sie vor dem jeweiligen Leistungszeichen ein J (Jugend).

Für Zwerg- und Kaninchenteckel gibt es noch nachfolgende Prüfungen:

Kaninchensprenger Natur (KSprN)

Durch diese Prüfung am Naturbau soll die Eignung des Zwerg- oder Kaninchen-teckels für die praktische Jagd gezeigt und bei der Jägerschaft das Interesse für den Kleinteckel geweckt werden.

Die Prüfung muß in einem wildreichen, übersichtlichen Revier abgehalten werden. Der Dachshund muß das Kaninchen sprengen oder würgen und vor allen Dingen aus dem Bau ziehen. Bewertet wird das Finden, die Ausdauer, die Passion und der Laut.

Kaninchenschleppe-Herausziehen (KSchlH)

Wie die Praxis bewiesen hat, rutscht das WildKaninchen nach dem Schuß oft in die Baueinfahrt und bleibt dort krank oder verendet liegen.

Das Kaninchen wird von dem durch etwas Bauchwolle kenntlich gemachten Anschuß mindestens 250 m weit an einer Leine, möglichst durch einen Bestand, geschleppt und dann mittels eines Stockes ca. 1 m tief in einem Kaninchenaltbau mit mehreren Ein- und Ausfahrten abgelegt.

Der Hund soll die ersten 200 m der Schleppe am Schweißriemen arbeiten, die letzten 50 m wird er dann geschnallt. Er muß den Bau finden, einfahren und das Kaninchen aus dem Bau ziehen. Hunde, die das Kaninchen innerhalb von fünf Minuten nach dem ersten Einschliefen nicht herausziehen, haben die Prüfung nicht bestanden. Die beiden Prüfungen gelten als nicht bestanden, wenn der Hund das Kaninchen anschneidet oder wenn er Ängstlichkeit gegenüber dem Kaninchen zeigt.

DER ZÜCHTER UND DIE ZUCHT

Es kommt der Tag, an dem es fast jeden Besitzer einer brauchbaren Jagdgebrauchshündin reizt, selbst einmal zu züchten. Der Gedanke daran, kommt erst recht, wenn festgestellt wurde, daß man eine Hündin hat, die von der Anlage her überdurchschnittlich ist und man diese Anlagen im Nachwuchs erhalten möchte.

Viele verfallen in den Fehler, im Züchten nur den biologischen Vorgang des Deckaktes zu sehen, und das ist falsch. Ehe überhaupt mit dem Züchten begonnen wird, muß alles Wissenswerte hierüber gesammelt werden, und dazu gehört, daß sich der unerfahrene Züchter mit den Erbgesetzen befassen muß. Literatur zu diesem Thema gibt es zur Genüge. Von Vorteil ist es auch, wenn sich der angehende Züchter mit dem Entstehen der Verhaltensweisen seiner künftigen Zucht auseinandersetzt. Die Wissenschaft hat längst nachgewiesen, daß das vorhandene Erbgut nur ein Teil ist, die Umwelteinflüsse aber ein anderer, die gemeinsam das Verhalten und nicht zuletzt den Charakter eines Lebewesens formen und herausbilden.

Da es aber mit der Theorie alleine nicht getan ist, sollte sich der junge Züchter auf jeden Fall praktischen Rat bei den Zuchtvereinen oder bei erfahrenen Züchtern einholen. Wenn ich hier „Züchter" schreibe, so meine ich die wirklichen Züchter und nicht diejenigen, die in sogenannter Massenproduktion Hundematerial herstellen. Vor dieser Art „Züchter" hüte sich der Anfänger unter allen Umständen.

Ehe mit der Zucht begonnen wird, sollten die Begriffe Blutanschluß, Linienzucht, Fremdzucht und Inzucht bekannt sein, denn wer diese Begriffe nicht beachtet, braucht sich den Rüden nicht auszusuchen, der kann ihn gleich auslosen.

In puncto Zuchttauglichkeit hat es der Anfänger in der heutigen Zeit sehr leicht. Jede Hündin und jeder Deckrüde, die den vorgeschriebenen Punkten der jeweiligen Zuchtordnung der einzelnen Vereine und Jagdhunderasse entsprechen, können zur Zucht herangezogen werden.

Der Zwingername wird ausgesucht und dem jeweiligen Verein zur Eintragung gemeldet und von diesem dann geschützt, vorausgesetzt, daß er nicht bereits für einen anderen Züchter eingetragen ist. Unter diesen Umständen muß sich der „Neue" einen anderen Zwingernamen suchen. Der Vorgang über die Eintragung der Welpen ist bei den einzelnen Jagdhundevereinen unterschiedlich. Der Jäger, der züchten will, muß sich nach den Bestimmungen seines jeweiligen Zuchtverbandes richten.

Der neue Züchter sollte immer von dem Grundsatz ausgehen, daß das wichtigste Gebot in der Tierzucht lautet, nur mit absolut gesundem Hundematerial an die Züchtung zu gehen. Beide Elterntiere müssen äußerlich und innerlich biologisch einwandfrei sein. Sie müssen anpassungsfähig und mit großer Widerstandskraft gegen alle Umwelteinflüsse ausgestattet sein.

Ein Züchter muß auf alle Fälle beiden Elterntieren Beachtung schenken. Ein Rüde kann mit einer „passenden" Hündin sehr gute Nachkommen liefern, mit einer anderen jedoch wieder nicht. Eine sogenannte positive Paarung sollte auf jeden Fall wiederholt werden. Es sollte dabei nicht einmal so sehr darauf geachtet werden, ob der Rüde nun eine Menge Leistungszeichen oder Prüfungen aufzuweisen hat, denn es ist nicht immer der positive Weg, sogenannten Prüfungssiegern nachzulaufen, um gute Ergebnisse zu erzielen. Wichtig ist meines Erachtens, was der Rüde in der jagdlichen Praxis zu leisten vermag. Ziel eines jeden Züchters muß es sein, die Leistungen und Eigenschaften seiner Jagdhunderasse zu festigen, wenn möglich, sogar zu steigern. Es vergehen viele Monate nach dem Wurf, bis ein Zuchterfolg in Form und Leistung festgestellt werden kann. Viel Zeit, das heißt, Jahre vergehen, bis anhand der Nachkommenschaft festgestellt werden kann, ob ein vollwertiger Erbwert vorhanden ist. Es hat schon viele Züchter gegeben, diejenigen aber, die große Erfolge aufzuweisen hatten und haben, sind dünn gesät. Ist einem Züchter einmal, nach vielen Teil- und Mißerfolgen, der Wurf gelungen, so ist er ein gesuchter Mann.

Keiner sollte in den Glauben verfallen, daß mit Erkenntnissen, man kann auch sagen mit Züchterblick und mit Lust und Liebe, der Zuchterfolg schon garantiert ist. Auch in der heutigen Zeit spielen Zufälle eine wichtige Rolle, die über Erfolg und Mißerfolg entscheiden können. Für jeden kommt einmal der Tag, an dem er in seinem Zwinger und bei seinen Zuchtbemühungen von einem Erfolg sprechen kann. Es werden aber dann auch wieder Rückschläge kommen. Keiner sollte sich jedoch entmutigen lassen und das einmal Begonnene weiterführen, im Interesse unserer Jagdhunde.

Die einzelnen Zuchtbegriffe

Was ist Fremdzucht?

Darunter versteht man die Paarungen von Tieren gleicher Rasse, die nicht miteinander verwandt sind. Auf die Blutführung wird gleichfalls keine Rücksicht genommen.

Was ist Inzucht?

Ein Ahne muß mindestens je einmal auf Vater- oder Mutterseite vertreten sein und zwar auf engster Blutsverwandtschaft, beschränkt auf die ersten fünf Generationen. Die Ergebnisse der Inzucht müssen als unter dem Durchschnitt bezeichnet werden.

Über das Für und Wider der Inzucht wird bis zum heutigen Tage lebhaft diskutiert. Sie wird deshalb gefürchtet, weil sie unerwünschte versteckte Eigenschaften zum Vorschein bringt. Es wurde sogar schon von einer physiologischen Müdigkeit der Tiere als Folge einer zu engen Verwandtschaftszucht gesprochen. Experten sind der

Mcinung, daß Inzucht nur zu befürworten ist, wenn einwandfreie Ahnen vorhanden waren. Viele Züchter haben den Versuch unternommen, ihren Zwinger mit Inzucht aufzubauen, nicht jeder war zufrieden mit dem Ergebnis und hat auf Fremdzucht übergegriffen. Abschließend soll gesagt werden, daß in der Inzucht keine sichere Methode für züchterische Erfolge gesehen werden kann.

Was ist Inzestzucht?

Es handelt sich hier um Paarungen zwischen Elterntieren und Kindern, Enkeln und Großeltern oder zwischen Verwandten ersten oder zweiten Grades in gerader Linie oder Seitenlinie oder zwischen Geschwistern. Bei der Inzestzucht ist sehr viel Glück nötig, wenn sie sich gut anlassen soll. Sie ist nur erfahrenen Züchtern vorbehalten, die ihre Elterntiere viele Generationen zurück kennen.

Was ist Familienzucht?

Sie ist eine Mischung zwischen Inzucht und Fremdzucht. Es muß Blutanschluß, zurückliegend von der fünften bis zehnten Ahnenreihe, gesucht werden. Diese Zuchtart ist dem Anfänger zu empfehlen, denn wenn der Blutanschluß richtig war, so ist das bereits an einem ausgeglichenen Wurf zu sehen, und somit ist auch der erste Erfolg sichtbar.

Scheinträchtigkeit

In den meisten Fällen ist es so, daß eine Hündin sechs bis acht Wochen nach der Hitze mit der Milchproduktion beginnt. Als erstes schwillt das Gesäuge an, verschiedene Lager werden gebaut usw. Bei der einen Hündin kommt es zu einer Freßunlust, die andere kann wieder nicht genug zu fressen bekommen. Manche sind in dieser Zeit besonders bissig, andere wiederum besonders scheu.

Bei einer leichten Schwellung des Gesäuges muß sich der Hundehalter wenig Sorgen machen. Ausgiebige Bewegung und somit Ablenkung der Hündin verhindert in den meisten Fällen eine starke Milchbildung. Es gibt aber auch welche, bei denen tropft die Milch nur so herunter. Hier ist von einer Selbstbehandlung durch den Züchter abzuraten. Der Tierarzt kann da besser helfen, da es zu Entzündungen, Stauungen, ja sogar zu Verhärtungen kommen kann.

Es kommt auch vor, besonders bei mehreren Scheinschwangerschaften, daß sich eine Erkrankung der Gebärmutter einstellt. Man kann diese daran erkennen, daß die

Hündin z.B. viel mehr Flüssigkeit zu sich nimmt. Es kann auch ein blutiger oder brauner Ausfluß aus der Schnalle austreten. Auch hier besser zum Tierarzt gehen!

Sollten nach jeder Hitze erhebliche Hormonstörungen auftreten, so ist eine operative Entfernung der Eierstöcke zu empfehlen

Erwähnt sollte noch werden, daß gegen eine stärkere Milchbildung auch kühle Umschläge helfen können, die sich aus einem Eßlöffel Essig und einem halben Liter Wasser zusammensetzen.

Eine scheinträchtige Hündin ist während des Zeitraumes der Scheinträchtigkeit in den meisten Fällen für die Jagd nicht zu gebrauchen. Aber auch hier bestätigen Ausnahmen die Regel.

Eine Verhinderung der Scheinschwangerschaft durch einen Wurf war nach Meinung unserer Altvorderen die beste Medizin, um diese zu verhindern. Fachleute sind da anderer Meinung.

Grundsätzlich muß darauf hingewiesen werden, daß irgendwelche Hilfsmittel, ich denke da besonders an Spritzen, eine Scheinträchtigkeit nicht verhüten. Die Hilfsmittel können der Hündin sogar sehr schaden.

Vor ca. 25 bis 30 Jahren war eine Hündin mit einer eingebildeten Trächtigkeit noch nicht so häufig wie in unseren Tagen. In der heutigen Zeit, mit dem Überangebot an Nahrungsmitteln für Tiere, bleibt dagegen kaum eine verschont.

Der nicht gewollte Deckakt

Jeder Besitzer einer Hündin hat es schon erlebt: Die ganze Familie hat aufgepaßt, daß die Hündin nicht auskommt, wenn sie hitzig ist, und dennoch ist es eines Tages passiert, und in den meisten Fällen ist es Nachbars Lumpi, eine „Promenadenmischung". Die sind meistens die Aktivsten.

Es ist also passiert, was nun?

Die heutige Tiermedizin ist heute so weit, daß kein Anlaß gegeben ist, in Panik auszubrechen. Die natürlichste Sache der Welt wäre es, die Hündin austragen zu lassen und die Welpen nach der Geburt und vor dem ersten Saugen zu entfernen. Aber wer kann das schon? Es bleibt also nur der Weg zum Tierarzt, der mit einer Behandlung eine Trächtigkeit verhindert. Die nötige Injektion ist für die Hündin ungefährlich, sie birgt auch keine Nachteile für spätere Würfe. Auf eines muß allerdings geachtet werden: Der Tierarzt ist sofort aufzusuchen, denn nach einem Zeitraum von ca. zehn Tagen und länger kann er keine Garantie mehr abgeben, und der Hündin tut es auch nicht gut.

166

Anfänger unter den Züchtern können beruhigt werden: Auch wenn die reinrassige und mit besten Papieren ausgestattete Hündin einmal irgendwelche Bastarde zur Welt bringt, ist sie nicht verdorben. Sie bringt bei einer späteren richtigen Paarung einwandfreie Welpen zur Welt.

Wenn die Hündin allerdings in einer Hitzeperiode von dem gewünschten Deckrüden gedeckt wird und in der gleichen Periode auch noch von einem Mischlingsrüden, dann wird der Besitzer seine Wunder erleben, denn dann können tatsächlich verschiedene Welpen zur Welt kommen.

Paarungszeit und Deckakt

Daß Rüde und Hündin gesund sein müssen, ist selbstverständlich. Auch während der Paarung dürfen sie keinerlei Krankheitserscheinungen aufweisen, denn nur einwandfrei gesunde Tiere sind die Voraussetzung für eine gute Befruchtung.

Die erste Hitze einer Hündin liegt in etwa zwischen dem sechsten und achten Lebensmonat. Sie wiederholt sich in späterer Zeit alle sechs Monate. Abweichungen gibt es aber auch hier.

Eine Hündin sollte erstmals bei der dritten oder gar erst bei der vierten Hitze zur Zucht benutzt werden. Zu spät sollte der erste Deckakt nicht erfolgen, da die Zeit der Zuchtbenutzung verkürzt und auch die Aufnahmebereitschaft herabgemindert wird.

Zu beachten ist auch, daß ein Rüde nicht vor einem Alter von eineinhalb Jahren zum ersten Deckeinsatz kommen sollte.

Die Hündin zeigt meist durch ihr verändertes Wesen an, daß die Hitze zu erwarten ist, weiters durch Anschwellen der Schnalle, auch Vorhitze genannt. Im allgemeinen kann eine Hündin zwischen dem 10. bis 13. Tag belegt werden. Der Höhepunkt ist in den meisten Fällen der 11. Tag. Selbst eine geringe Anzahl von Spermien bewirkt da eine Befruchtung.

Den genauen Tag kann man auch feststellen, indem man der Hündin mit der flachen Hand über den Rücken streicht. Wenn sie die Rute seitlich hält, ist sie in den meisten Fällen aufnahmebereit. Es darf jedoch kein Zwang ausgeübt werden, denn wenn die Hündin noch nicht deckbereit ist, beißt sie den Rüden beim Vorspiel ab. Also Geduld und nochmals Geduld.

Unter den Deckrüden sind nun verschiedene Temperamente anzutreffen. Auch die Hündin „liebt" nicht einen jeden. Von der großen Decklust bis zum vollkommenem Desinteresse, ja einer vollkommenen Mißachtung der Hündin, kann man alles antreffen. Es gibt Rüden, die haben eine besondere „Technik", andere wiederum sind vollkommen unbegabt und können es auch für immer bleiben.

Zum ersten Deckakt eines Rüden sollte auf jeden Fall eine Hündin genommen werden, die schon einige Würfe gehabt hat, also eine mit einer gewissen Erfahrung.

Der Zeitraum des „Hängens" (Befruchtungsakt) kann sehr verschieden sein, er dauert ca. 10 bis 30 Minuten. Das Zusammenhängen von Hündin und Rüde muß aber nicht unbedingt die Voraussetzung für eine Befruchtung sein.

Wenn der Züchter der Meinung ist, daß ein zweiter Deckakt notwendig ist, so ist unbedingt ein Ruhetag einzulegen.

Die Hündin ist nach dem Deckakt noch ca. acht bis zehn Tage strengstens zu bewachen, damit kein fremder Rüde an sie herankommt und eine nicht erwünschte Fremdbefruchtung erfolgt. Abschließend sollte noch einmal darauf hingewiesen werden, daß auf keinen Fall Zwang beim Deckakt angewendet werden darf. Eine mangelhafte Geschlechtsfunktion kann auch auf die Nachkommen vererbt werden.

Die Trächtigkeit

Die normale Trächtigkeitsdauer beträgt 63 Tage. Sie beginnt mit der Befruchtung und endet mit der Geburt. Da der genaue Tag der Befruchtung bei mehreren Befruchtungen nicht festgestellt werden kann, wird zur Berechnung des Zeitraumes der Tag der Belegung bis zum Tag der Geburt der Welpen gezählt.

Eine Trächtigkeit kann aber auch nur 58 Tage oder aber 65 Tage dauern. Sollte der Wurfakt nach mehr als 65 Tagen nicht einsetzen, so ist unbedingt der Tierarzt aufzusuchen.

Ein Einfluß des Alters der Hündin oder gar der Jahreszeit auf die Trächtigkeitsdauer konnte bis jetzt nicht nachgewiesen werden. Dagegen sind Experten der Meinung, daß Hündinnen, die zum erstenmal werfen, eine etwas längere Tragezeit haben.

Während der Schwangerschaftsperiode sollte die Hündin viel Bewegung haben, aber nicht strapaziert werden. Das Überspringen von großen Hindernissen kann sich nicht nur auf die Frucht selbst nachteilig auswirken, es beeinflußt auch den Geburtsakt negativ. Der sonst übliche jagdliche Einsatz kann ohne weiteres fortgesetzt werden.

Viele Züchter neigen dazu, ihre Hündin in der Tragezeit besonders gut zu füttern, da sie der Meinung sind, dies müßte ihr guttun. Davor soll ausdrücklich gewarnt werden: Jedes Dickerwerden der Hündin durch Überfütterung erschwert erheblich den Wurfakt.

In der Anfangszeit der Trächtigkeit sollte eine Spulwurmkur gemacht werden.

Zum Schluß noch ein Hinweis: Ob eine Hündin aufgenommen hat, zeigt sich erst in den letzten Wochen. Ihr Wesen verändert sich, der Bauchumfang wird größer, und zuletzt schwellen die Milchdrüsen an.

Es ist sehr schwer zu erkennen, ob bei einer längeren Überschreitung der Trächtigkeitsdauer noch eine normale Geburt zu erwarten ist. Auf jeden Fall ist es für den noch unerfahrenen Züchter dann ratsam, tierärztlichen Rat einzuholen.

Der Wurfakt

Nach ca. 63 Tagen, wenn die Stunde des Werfens gekommen ist, werden junge Züchter meistens etwas nervös, und jeder hofft, daß alles gut geht. Ihnen kann gesagt werden, daß in den meisten Fällen selbst erfahrene Züchter noch einmal ein Fachbuch zur Hand nehmen, um erneut darin zu blättern, und wenn es nur aus Nervosität geschieht.

Der Wurftag wird von der Hündin mit einigen Vorzeichen angezeigt. Sie ist etwa einen Tag davor voll hechelnder Unruhe und versucht alles für den Nestbau zu bekommen, was sie erwischen kann. Am Tag des Werfens nehmen die meisten Hündinnen keine Nahrung mehr auf. Der aufmerksame Züchter wird feststellen, daß sich ihr Leib gesenkt hat.

Die normale Körpertemperatur sinkt von 38,2° bis 38,8° C auf ungefähr 37° C. Das wurde festgestellt, weil der Züchter im After mit einem normalen Fieberthermometer gemessen hat. Der Temperatursturz ist das sicherste Zeichen, daß die Geburt innerhalb der nächsten 24 Stunden erfolgen muß. Ist das nicht der Fall, so ist unbedingt der Tierarzt zu verständigen.

All diese Dinge sind normale Vorgänge, es gibt natürlich auch hier Ausnahmen. Eine meiner Hündinnen verweigerte zum Beispiel keinesfalls das Futter vor dem Werfen, ich konnte mich also auf dieses Merkmal nicht verlassen. Ähnlich verhält es sich beim sogenannten Temperatursturz. Auch hier habe ich erlebt, daß z.B. eine Hündin bereits eine Stunde, nachdem die Temperatur zurückgegangen war, mit dem Werfen begonnen hat. Eine Hündin hatte ich, die erst am 68. Tag ihren Wurf brachte und dann vollkommen normal. Selbstverständlich war ich vorher beim Tierarzt, der mir bestätigte, daß alles noch in Ordnung wäre.

Aber es müssen ja nicht immer irgendwelche Komplikationen auftreten. Die normale Geburt kündigt sich durch Preßwehen an. Das ist ein Vorgang, der sich folgendermaßen abspielt. Durch Zusammenziehen der Bauchdecke in unregelmäßigen

Abständen wird ein gewisser Preßdruck erzeugt. In der Schnallenöffnung zeigt sich zuerst die Fruchtblase, und in der darin enthaltenen Flüssigkeit schwimmt sozusagen der Welpe, der außerdem noch in eine zweite Blase, den sogenannten Fruchtsack, eingehüllt ist.

Diese wunderbare Einrichtung durch die Natur dient auch zum Schutz des Welpen vor irgendwelchen Stößen im Mutterleib.

Ist die Fruchtblase infolge der Preßwehen ausgetreten, platzt sie sofort auf oder sie wird von der Hündin aufgebissen, und in dem Fruchtwasser wird der Welpe, immer noch umhüllt vom Fruchtsack, auf die Welt gebracht.

Die Nachgeburt frißt die Hündin in den meisten Fällen sogleich auf. Es kommen aber auch hier Ausnahmen vor, besonders, wenn es sich um einen starken Wurf handelt. Wenn es für die Hündin zuviel wird, dann muß der Züchter für die Beseitigung sorgen.

Eine gute Hündin wird, nachdem sie den ersten Welpen aus dem Fruchtsack befreit hat, stürmische Muttergefühle entwickeln.

Mit besonderem Eifer putzt und leckt sie ihren Welpen, damit die verschleimten Atemwege frei werden. Bei dieser wiederum wichtigen Tätigkeit sollte die Hündin vollkommen in Ruhe gelassen werden.

Dieser Vorgang der Geburt wiederholt sich so lange, bis der letzte Welpe geboren wurde. Im allgemeinen stößt die Hündin ihre Welpen in Abständen von fünfzehn Minuten bis zu einer halben Stunde aus. Wenn sich innerhalb dieses Zeitraumes nichts tut, muß der Tierarzt gerufen werden.

Hündinnen, die zum erstenmal werfen, stellen sich manchmal etwas ungeschickt an. Wenn die Hündin zum Beispiel noch mit dem Putzen eines Welpen zu tun hat oder sie von der gerade erfolgten Geburt noch so erschöpft ist und deshalb nicht daran denkt, den nächsten Fruchtsack aufzubeißen, dann muß hier der Züchter nachhelfen und den Fruchtsack vorsichtig aufreißen, sonst erstickt der Welpe. Sollte die Hündin auch nicht selbst abnabeln, so kann die Nabelschnur mittels einer sterilisierten Nagelschere durchgetrennt werden. Dabei darf nicht übersehen werden, die Nabelschnur nicht zu kurz abzuzwicken. Ungefähr 5 cm ist die richtige Länge.

Manche Züchter geben der Hündin zwischendurch verdünnten Bohnenkaffee, um einer Wehenschwäche vorzubeugen.

Nach dem Wurfakt, das heißt wenn der Züchter der Meinung ist, die Hündin hätte alle Welpen zur Welt gebracht, sollte ganz vorsichtig der Leib abgetastet werden, ob nicht doch noch eine Frucht zurückgeblieben ist.

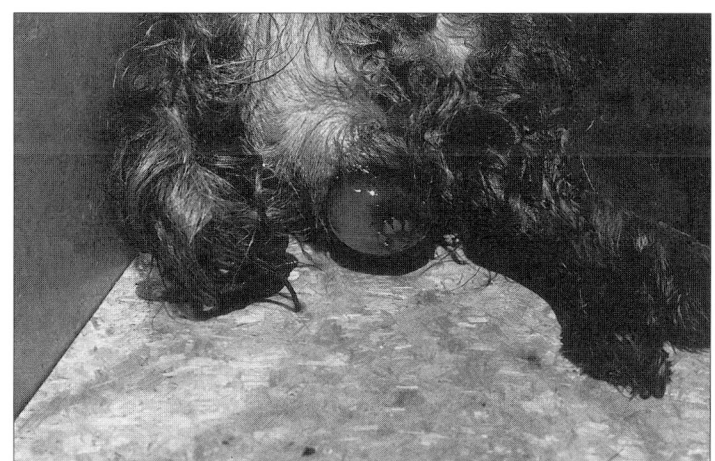

*Die Fruchtblase tritt aus.
Beginn der Geburt*

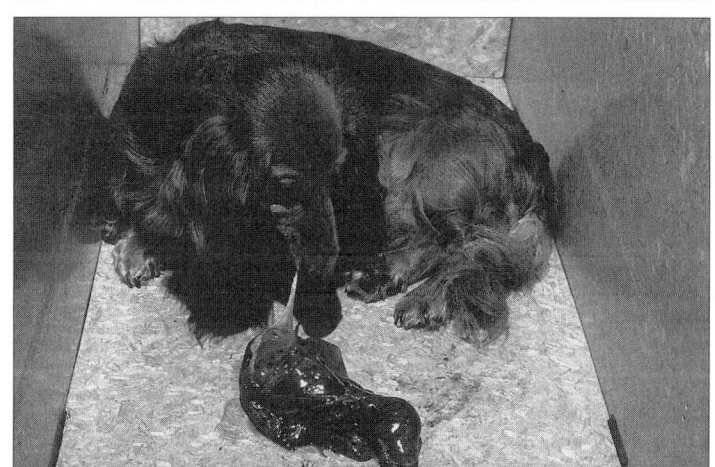

*Die Hündin beißt die
Fruchtblase auf und
nabelt anschließend ab*

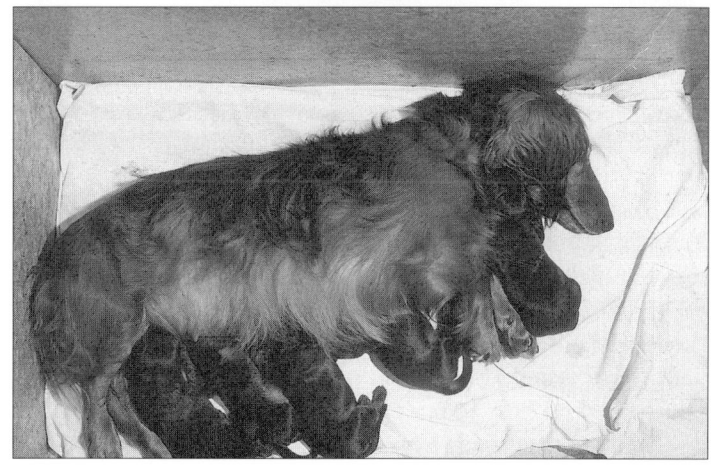

*Geschafft!
Jetzt braucht die
Hündin eine Ruhepause*

171

Unvorhersehbare Zwischenfälle beim Werfen

Wenn eine Geburt normal verlaufen ist, so ist das nicht nur für die Hündin von Vorteil, auch der Züchter freut sich darüber, wenn ein guter Wurf geglückt ist. Leider ist das nicht immer so.

Ein komplizierter Fall kann zum Beispiel eine sogenannte Querlage sein. Das kann die Ursache sein, wenn die Hündin am 64. Tag zwar einen Temperatursturz hatte, weiter aber nichts geschieht, oder wenn sie nach einer gewissen Zeit, sagen wir drei bis fünf Stunden, zwar Wehen hatte, aber keine Welpen ausgestoßen wurden. Hier sollte sofort der Tierarzt geholt werden.

Ebenso verhält es sich bei einer Wehenschwäche oder beim Steckenbleiben eines zu starken Welpen. Der Züchter sollte auf keinen Fall versuchen, den Welpen irgendwie mit Gewalt zu holen.

Eine Hündin stößt ihre Welpen bekanntlich aus zwei sogenannten „Geburtshörnern" aus. Es kann dabei vorkommen, daß sich zwei Welpen gegenseitig behindern, wenn sie zur selben Zeit die Geburtswege erreichen. Auch in diesem Fall muß vom Tierarzt ein Welpe „geholt" werden. Die nachfolgenden Geburten verlaufen meistens reibungslos.

In letzter Konsequenz gibt es den Kaiserschnitt. Eine Hündin, die ihre Welpen durch Kaiserschnitt zur Welt brachte, kann zwar wieder zur Zucht Verwendung finden, wiederholen sich aber bei ihr schwere Geburten, die immer wieder in einen Kaiserschnitt hinauslaufen, dann ist es nicht ratsam, mit dieser Hündin weiter zu züchten. Experten sind der Meinung, daß schwere Geburten auf die Nachkommen vererbt werden.

Erkrankungen der Hündin nach dem Werfen

Die gefährlichste Erkrankung einer Hündin nach dem Werfen ist die Eklampsie. Das Wort kommt aus dem Griechischen und heißt in etwa „blitzartig", was bedeuten soll, daß diese Krankheit blitzartig auftritt. Es gibt wohl keine Krankheit, die für einen Züchter und seine Zuchthündin von größerer Bedeutung ist, und doch wissen die meisten nicht sehr viel darüber.

Oft tritt die Krankheit bei Hündinnen auf, die zum erstenmal werfen. Diese Tatsache schließt aber keinesfalls aus, daß Hündinnen auch bei späteren Würfen davon betroffen werden können. Da beim Auftreten einer Eklampsie meistens Lebensgefahr besteht, sollte jeder Züchter über die Entstehung und über die Symptome dieser Krankheit Bescheid wissen.

Das erste Anzeichen eines bevorstehenden Anfalls ist ein Streichen mit den Vorderläufen über Nase und Fang, als wenn die Hündin dort etwas jucken würde. Als nächstes kann man Zuckungen von bestimmten Muskelpartien feststellen. Betroffen sind besonders jene am Kopf, am Hals und an den Schulterpartien. Gleichzeitig zeigt die Hündin eine bestimmte Unruhe und Angst. Als weitere Folge treten krampfartige Zuckungen der Läufe und auch Lähmungserscheinungen auf.

Alle diese Anzeichen signalisieren höchste Alarmstufe, und die Hündin muß unverzüglich zum Tierarzt gebracht werden. Wird sie nicht sogleich mit Calciumlösungen und anderen Mitteln behandelt – der Tierarzt kennt sich da aus –, dann kann die Hündin durch Ersticken verenden.

Diese Anfälle treten meistens ganz kurz nach dem Werfen auf. Es kann aber auch vorkommen, daß diese Krankheit auch erst nach sechs bis acht Wochen auftritt. Wenn sich derartige Anfälle wiederholen, sollten die Welpen abgesetzt werden.

Die Eklampsie kann natürlich auch schon vor dem Werfen auftreten. Es ist daher ratsam, der Hündin unbedingt bereits in der Mitte der Tragzeit Kalkpräparate zu verabreichen und sie mit einer Calciumlösung zu behandeln.

Ist ein Anfall aber bereits eingetreten, kann nur noch der Tierarzt helfen.

Über die Entstehung der Eklampsie sind sich die Fachleute nicht ganz einig. Am nächsten kommt wohl die Theorie, wonach die Krankheit mit dem plötzlichen Versagen des Organismus der Hündin, hervorgerufen durch höchste Beanspruchung, zu begründen ist.

Auf eine andere, von vielen Züchtern mit der Eklampsie verwechselten Krankheit soll gleichfalls hingewiesen werden.

Sie tritt in etwa der dritten bis vierten Säugewoche auf. Ihr Erscheinungsbild ist ähnlich wie Eklampsie. Hündinnen, die ebenfalls mit Calcium- und Vitaminpräparaten behandelt wurden, zeigten zwar für zwei bis drei Tage Besserung, dann war das Krankheitsbild wieder vorhanden, nämlich Hecheln, krampfhafte Zuckungen etc. Die Krankheitssymptome verloren sich erst mit dem Absetzen der Welpen. Diese Krankheitserscheinung hat mit Eklampsie nicht das Geringste zu tun. Sie ist vielmehr auf starken Spulwurmbefall zurückzuführen, den die Welpen in sich haben.

Eine Hündin, die von den Welpen bekanntlich alles frißt, was diese ausscheiden, nimmt mit dem Urin und Kot alle Stoffwechselgifte auf. Diese Gifte gelangen in den Darm der Hündin und hindern diese, auf dem Verdauungswege die erforderlichen Calciummengen zu ergänzen. Die Folge ist, daß der Calciumspiegel der Hündin rapid absinkt, die zusätzlich verabreichten Calciummengen reichen bei weitem nicht aus. Die Folge ist dann das eklampsieähnliche Krankheitsbild.

Hier, an dieser Stelle, scheinen mir wichtige Hinweise angebracht!
Jeder gewissenhafte Züchter und Jäger sollte seine Hündin nicht bei jeder Hitze dekken lassen. Einmal aussetzen, noch besser zweimal, ist vernünftig. Jeder kann erkennen, welch gewaltige Leistung die Hündin erbringt, und von der soll sie sich erst einmal gründlich erholen. Außerdem sollte sie ja auch noch jagdlich geführt werden!
Weiters sollten die Welpen bereits im Alter von zwei bis drei Wochen auf Spulwurmbefall getestet werden, indem man ihnen in etwa die Hälfte der vorgeschriebenen Wurmpaste eingibt. Dieser Vorgang ist so lange zu wiederholen, bis keine Würmer mehr vorhanden sind. Diese Kur sollte in einwöchigem Abstand wiederholt werden.
Die Hündin sollte ab diesem Zeitpunkt vom Fressen des Welpenkots abgehalten werden. Er „schmeckt" ihr zu diesem Zeitpunkt ohnehin nicht mehr.

Die Aufzucht der Welpen

Grundsätzlich sollte der Platz, an dem die Welpen untergebracht sind, im Halbdunkeln sein, wenigstens so lange, bis die Welpen die Augen öffnen. Diese Maßnahme und überhaupt ein ruhiger Platz sind nicht nur für die Welpen von Vorteil, sie sind auch für die Hündin wichtig, denn je mehr die Hündin in Ruhe gelassen wird, desto besser kümmert sie sich um ihren Wurf.

Der Züchter muß weiters dafür Sorge tragen, daß die Hündin reichlich und gehaltvoll gefüttert wird, und zwar mit einer leicht abführenden Kost, besonders in den ersten Tagen nach dem Werfen, damit all die Dinge wie Nachgeburten etc., die sie ja gefressen hat, ihren Körper so schnell wie möglich wieder verlassen.

Das Gesäuge der Mutterhündin besteht aus acht bis zwölf Saugwarzen, wobei acht in den meisten Fällen nur voll ausgebildet, also für die Aufzucht und Ernährung der Welpen zu gebrauchen sind. Der Idealwurf wäre eine Welpenanzahl von vier bis sechs. Bei dieser Zahl ist von seiten der Hündin eine hundertprozentige Ernährung garantiert – immer vorausgesetzt, daß sie ordentlich gefüttert wird.

Eine gesunde Hündin ist bis etwa zur vierten Woche in der Lage und unermüdlich dabei, ihre Welpen zu ernähren und zu pflegen. Sie versucht während dieser Zeit die Wurfkiste peinlichst sauber zu halten, was ihr, besonders wenn es ein großer Wurf ist, nicht immer gelingt. Außerdem hat die Hündin noch einige Wochen einen blutigen Ausfluß, und zwar so lange, bis sich die Gebärmutter wieder geschlossen hat. Während dieser Zeit ist es wichtig, die Unterlage öfters zu wechseln.

Für den Anfänger unter den Züchtern ist es wichtig zu wissen, daß viel mehr Welpen durch eine schmutzige Behausung zugrunde gehen als durch Krankheiten. Es

174

soll Züchter geben, die halten ihren Wurf in Kisten, die darin befindliche Unterlage, wenn überhaupt eine vorhanden ist, und auch die Bodenbretter sind tropfnaß vom Urin und stinken, daß es eine Schande ist. Damit züchten sie wahre Brutstätten für Würmer und Bakterien.

Es kommt dann der Zeitpunkt, so ungefähr nach vierzehn Tagen, da die Welpen die Augen öffnen. In dieser Zeit sind sie unbedingt vor grellem Sonnenlicht zu schützen.

Weiters ist zu beachten, daß die Welpen sofort nach der Geburt auf Mißbildungen untersucht werden. Afterklauen sind spätestens nach acht Tagen zu entfernen. Andere Fehler, so etwa Gebißmißbildungen oder Hodenfehler, kann man erst später erkennen.

Die Entwöhnung der Welpen

Es ist nicht gut möglich, einen Zeitplan oder in etwa genaue Regeln für die Entwöhnung, das heißt für die Absetzung aufzustellen. Manche Züchter machen sogar einen Zeitunterschied zwischen den einzelnen Welpen. Begonnen wird etwa um die vierte Lebenswoche. Ab diesem Zeitpunkt ist es unerläßlich, daß die Welpen – von Anfang an – an genau einzuhaltende Fütterungszeiten gewöhnt werden. Die Mahlzeiten werden von Woche zu Woche um eine gesteigert und somit die Mutterhündin mehr und mehr entlastet, bis zu dem Zeitpunkt, an dem die Welpen überhaupt nicht mehr saugen.

Viele Züchter machen den Fehler, mit der Entwöhnung zu eilig vorzugehen. Sehr wahrscheinlich spielt der Gedanke mit, je früher man die Welpen an feste Nahrung gewöhnt, desto eher können sie verkauft werden. Dabei ist die Muttermilch das Beste, was es geben kann. Jeder gewissenhafte Züchter sollte folgenden Grundsatz beachten: Wer gesunde Welpen aufziehen will, muß mit der Entwöhnung langsam vorgehen, und zwar deshalb, weil Magen und Darm von jungen Fleischfressern, dazu gehören auch unsere Jagdhunde, bis etwa der vierten Woche nur auf die Verdauung der Muttermilch eingerichtet sind.

Hündinnen, die natürlich aufgezogen wurden, geben im allgemeinen viel Milch und zeigen das Bestreben, ihre Welpen bis in die achte Woche, das heißt so lange wie möglich, selbst zu versorgen. Kein Züchter sollte versuchen, diese natürliche Veranlagung zu unterbinden.

Die Fütterung der Welpen

Die Welpen sind nun langsam in einem Alter, in dem sie die Mutterhündin nur noch teilweise oder überhaupt nicht mehr ernähren kann. Die wohl wichtigste Frage für einen Züchter ist ab jetzt die richtige Ernährung der Welpen, denn mit dem Futter steht und fällt der richtige Aufwuchs und die spätere Beschaffenheit der Junghunde.

Etwa ab der vierten Woche wird mit dem Zufüttern begonnen. Unsere Altvordern bevorzugten Frischfleischnahrung. Betrachtet man das ganze Verhalten unserer Jagdhunde, nämlich das Festhalten und Abwürgen von Beute, bedingt durch das spezialisierte Gebiß und die kräftigen Kieferknochen sowie ihre speziell dafür vorhandenen Verdauungsorgane, so ist die Erklärung hierfür einfach.

Nun befinden wir uns aber in einer Zeit, in der die Tierfutterindustrie sehr gute Nahrungsmittel auf dem Markt hat, auch bereits für Welpen. Es bleibt also jedem Züchter überlassen, ob er reines Frischfleisch füttern möchte oder die angebotene Fertignahrung wählt, in der laut Angaben der Hersteller alle wichtigen Vitamine enthalten sind. In beiden Fällen ist eine ordentliche Aufzucht garantiert.

Mein Vorschlag ist, einen Mittelweg zu gehen und halb und halb zu füttern. Überdies kann man auch bereits den heranwachsenden Hunden einen Pansen vom Reh vorwerfen, in rohem Zustand, nur ein wenig von seinem Inhalt gereinigt. Es sind immer noch hervorragende Nährstoffe darin enthalten.

Sie werden sich wundern, wie sich bereits die Welpen um diese „Beute" raufen.

Die Aufzucht mutterloser Welpen

Ein ungutes Thema, denn wer verliert schon gerne seine Mutterhündin, aber trotzdem muß darüber gesprochen werden.

Es kann also vorkommen, daß unsere Welpen mutterlos aufgezogen werden müssen, sei es durch Verlust der Hündin durch Eklampsie oder auch nur, weil die Hündin zu wenig Milch gibt oder bedingt durch einen Kaiserschnitt.

Diese Art von Aufzucht ist immer eine mühselige Arbeit und erfordert viel Geduld. Mutterlose Welpen müssen alle zwei Stunden, und zwar Tag und Nacht, gefüttert werden. Es soll hier auch nicht an das Aufzählen der zahlreichen Milchprodukte gegangen werden, denn derer gibt es viele, mit diesen Produkten alleine wird die mühevolle Arbeit jedoch nicht erledigt.

Ehe man überhaupt an die Aufzucht mutterloser Welpen geht, sollten folgende Punkte geklärt werden: Wo kann ich schnellstens ein entsprechendes Nährpräparat bekommen? Hier hilft mit Sicherheit der Tierarzt, auch mit dem Fläschchen und dem entsprechenden Sauger.

Wie kann ich die ständige, mit einer gleichbleibenden Temperatur versehene Warmhaltung garantieren?

Kritisch sind vor allen Dingen die ersten vierzehn Tage, da sich die Welpen nur ungern an den künstlichen Sauger gewöhnen und stets nach den Zitzen der Mutter suchen. Dieser Zeitraum erfordert die meiste Geduld.

176

Wenn die Hündin nicht mehr am Leben ist, fehlt den Welpen auch die mütterliche Wärme. Der Idealfall ist hier ein Infrarotstrahler. Am Anfang ist eine Temperatur von 32° C zu empfehlen. Der Züchter wird beobachten können, daß die Welpen bereits in diesem Alter ihren Wärmebedarf selbst regeln, indem sie näher zusammenrücken oder auch zur Wärmestelle hinkrabbeln.

Die Arbeit, die normal die Hündin vornimmt, nämlich die Welpen durch Massieren zur Entleerung von Kot und Urin anzuregen, muß nun von Menschenhand geschehen. Durch leichtes Reiben der Analgegend und an der Unterseite des Bauches werden die Welpen zum Lösen angeregt. Da die Hündin auch nicht mehr für eine entsprechende Sauberkeit sorgen kann, ist auch hier die Hilfe des Züchters gefragt.

Jeder Anfänger unter den Züchtern wird gemerkt haben, daß die Aufzucht von mutterlosen Welpen eine nicht ganz einfache Sache ist. Wenn es schon notwendig wird, dann ist es erforderlich, daß immer ein und dieselbe Person die Fütterung vornimmt. Die Welpen reagieren erstaunlich schnell auf die Stimme der entsprechenden Person. Diese Person aber muß, das sei hier noch einmal erwähnt, viel Zeit, viel Freude am Tier und viel, viel Geduld haben. Wer könnte das besser als Ehefrauen oder Töchter. Die haben eine erstaunliche Hand dafür.

Noch ein Hinweis!
Es gibt viele Zuchtverbände, die einen Züchter nennen können, der eine Amme zur Verfügung hat. Vielleicht ist gerade einer in Ihrer Nähe!

DIE HALTUNG UND PFLEGE UNSERER JAGDHUNDE

Wundern muß ich mich sehr,
daß Hunde den Menschen so lieben,
denn ein erbärmlicher Schuft
gegen den Hund ist mancher Mensch.

J. W. v. Goethe

Die meisten unserer Jagdhunde können aufgrund ihres angewölften Triebes zur Sauberkeit in einer Wohnung gehalten werden. Diese Feststellung gilt insbesonders für den Jäger, der in der Stadt wohnt.

Um den Hund witterungsbeständiger und ausdauernder zu machen, kann die Haltung in einem Zwinger von Vorteil sein. Dieser sollte aber absolut wetter- und winterfest sein. Das heißt die doppelwandige und gut isolierte Hundehütte sollte unter einem Vordach stehen. Die Öffnung muß von jeder Wetterseite geschützt sein. Vor der Hundehütte muß ein Holzboden angebracht werden, auf den sich der Hund, vor Regen geschützt, legen kann. Der Eingang der Hundehütte sollte so angelegt sein, daß der Hund erst einmal in einen Vorraum kommt und dann anschließend in seine eigentliche Schlafstelle. Als Lagerstätte eignet sich am besten Haferstroh, da es größtenteils grannenfrei ist. Ein Auswechseln des Strohs muß mindestens alle drei bis vier Wochen erfolgen. Bei dieser Gelegenheit muß die Hütte auch desinfiziert werden.

Als Boden für den Zwinger eignet sich am besten Beton, der mit einem Abfluß versehen sein sollte. Beton ist sehr gut zu reinigen. Kies- oder Sandboden ist hingegen völlig ungeeignet, da beides unweigerlich zu einer Brutstätte für Ungeziefer wird. Auch Grasboden eignet sich nicht, da das Gras ohnehin bald verschwunden ist und der Hund dann im Schmutz liegt.

Zwingeranlagen – Hundehäuser – Hundehütten

Immer wieder können wir feststellen, daß unsere vierbeinigen Jagdgehilfen, und zwar alle Rassen, in zum Teil unwürdigen Behausungen untergebracht sind.

Die nachfolgenden Artikel sollen dem Jagdhundezüchter und -halter aufzeigen, wie ein Zwinger, ein Hundehaus oder eine Hundehütte mit nicht zu hohen Kosten und ohne viel Mühe gebaut werden kann.

179

Welcher Standort soll gewählt werden?

Nicht jeder kann sich den Standort aussuchen oder hat eine große Auswahl. Auf keinen Fall aber sollte der Hund in unwürdigen Verhältnissen hausen. Bei der Standortwahl muß auf jeden Fall darauf geachtet werden, daß sich der Hund nicht nur in der prallen Sonne bzw. nur im Schatten aufhalten muß. Beides ist seiner Gesundheit nicht dienlich.

Weiterhin darf der Hund für fremde Personen nicht erreichbar sein, das heißt, der Zwinger muß an einer Stelle angebracht sein, an der der Hund von fremden Personen nicht gefüttert und erst recht nicht gereizt werden kann. Er wird sonst mit der Zeit zu einem Kläffer und zu einem Ärgernis für die Nachbarn.

Der Zwinger ist am besten angelegt, wenn er von der Wohnung oder vom Haus aus eingesehen werden kann. Man kann so bei Zwischenfällen durch Zurufen sofort eingreifen. Erst recht für die Hunde selbst ist der Blickkontakt mit den Hausbewohnern von großer Wichtigkeit. Sie bleiben, wenn sie ihre Umgebung einigermaßen übersehen können, von Haus aus ruhiger.

Wie groß soll die Anlage gebaut werden?

Bei der Größenwahl ergeben sich mehrere Fragen. Soll nur ein Hund gehalten werden oder will man auch züchten? Soll der Zwinger für eine große oder kleine Hunderasse sein? Befindet sich der Hund nur tagsüber im Zwinger oder auch nachts? Wenn an das Züchten gedacht wird, dann muß nicht nur der Zwinger selbst, sondern auch die Hütte einen größeren Umfang aufweisen. Der Zwinger muß bei größeren Hunden mindestens einen Umfang von 20 bis 25 m² haben, je größer desto besser. Bei der Zucht, das heißt, wenn dann eines Tages Welpen da sind, brauchen diese erst recht Raum für ihre Entwicklung. Bei kleineren Hunderassen genügt ein Umfang von 15 bis 20 m².

Der Hundezüchter, der genügend Raum zur Verfügung hat, sollte auf keinen Fall bei der Größe sparen. Seine Hunde werden es ihm durch ihre Gesundheit danken.

Welches Material soll für den Zwingerbau Verwendung finden?

Zur Einzäunung kann der altbewährte verzinkte Maschendraht dienen. Hier kann von einer Lebensdauer von mindestens 12 bis 15 Jahren ausgegangen werden. Als Pfosten können Holz- oder Metallpfähle genommen werden. Metallpfosten sind von Vorteil, weil sie von den Hunden nicht angenagt werden können. Für das Dach kann man Bretter verwenden, die dann allerdings noch mit Dachpappe wasserdicht gemacht werden müssen. Eine schnellere Bauweise und eine längere Haltbarkeit erreicht man mit Kunststoffplatten.

Welches Material soll für die Hundehütte oder das Hundehaus Verwendung finden?

Auf jeden Fall Holz, da es noch immer, gemeinsam mit dem Isolierstoff Styropor, den besten Wärmeschutz bietet. Glaswolle als Isolierung sollte nicht verwendet werden, da diese auf Mäuse geradezu einladend wirkt.

Die Innenseite der Hütte sollte nicht gestrichen werden, und für die Außenwände wird ein Imprägnierungsmittel genommen, das keinerlei gesundheitsschädliche Wirkstoffe enthält.

Für das Liegebrett, vor der Hütte, nehmen wir gleichfalls Holz. Steht die Hundehütte unter einem Dach, dann empfiehlt sich ein Flachdach, da beinahe alle Hunde sehr gerne auf diesem Dach liegen, um alles beobachten zu können.

Welches Material soll für den Auslauf, der unmittelbar mit dem Zwinger zusammenhängt, verwendet werden?

Zuerst soll darauf hingewiesen werden, welche Materialien man für den unmittelbaren Bereich des Zwingers auf keinen Fall verwenden sollte.

Dazu gehört leider auch der gewachsene Boden, der bei Regen in kürzester Zeit zu einer Schlammwüste wird. Feiner Kies ist zwar gut, wenn es regnet, aber nur, wenn er in einer angemessenen Höhe aufgetragen wird, weil das Regenwasser schnell verschwindet. Aber in Hinblick auf die Hygiene besteht das Problem, daß mit dem Herausnehmen des täglich anfallenden Kots auch eine gewisse Menge Kies mitgeht. Der Urin versickert zwar rasch, trägt aber in der warmen Jahreszeit sehr schnell zu einer unangenehmen Geruchsbildung bei. Von einer reinen Sandunterlage ist ganz und gar abzuraten, da Sand die beste Brutstätte für Ungeziefer ist und die Hunde durch das ewige Löchergraben niemals sauber zu bekommen sind.

Die beste Unterlage ist Beton, der so angebracht wird, daß er vom Hundehaus oder von der Hundehütte weg leicht abfällt. Am unteren Ende des Zwingers wird eine Rinne angebracht, die das Ablaufen des Wassers ermöglicht, das beim Abspritzen der Betondecke anfällt. Durch das Abspritzen werden der restliche Kot und der Urin restlos beseitigt.

Um die Hunde vor der Betonkälte zu schützen, können ein oder zwei Holzroste aufgelegt werden.

Der Bau des Hundezwingers

Ist der Standplatz für den Zwinger ausgewählt und gefunden, noch einmal darauf achten, daß der Hund auch im Winter genügend Sonne hat, dann kann mit dem Bau begonnen werden.

181

Holzpfähle mit einem Mittel gegen Fäulnis und Eisenrohre mit einem Mittel gegen Rost schützen. Die Holzpfähle oder Eisenrohre werden ca. 30 cm tief in ein Betonfundament eingelassen. Manche Hunde haben sich, ehe man sich versieht, unter dem Zaun durchgegraben – es gibt hier wahre „Ausbrecherkönige". Mit dem Anbringen eines ca. 15 cm hohen Betonsockels wird dem ein für allemal ein Riegel vorgeschoben. Von allen Betonwarenherstellern werden heute Raseneinfassungsriegel angeboten, die sich hervorragend für die Einfassung des Zwingers eignen.

Bei der Bemessung der Höhe der Maschendrahteinfassung muß man sich an der Größe des Hundes orientieren. Auf keinen Fall zu niedrig berechnen, damit der Hund nicht über den Zaun klettern kann. Die Höhe sollte 2 m nicht unterschreiten. Als Vorbeugemaßnahme gegen das Überklettern kann an der Oberkante des Zaunes an den einzelnen Pfosten ein 40 cm langes Winkeleisen angebracht werden, das mit ca. 30 Grad nach innen gebogen wird. Durch diese Winkeleisen werden Löcher im Abstand von 3 cm gebohrt und ein starker Draht durchgezogen. Auf diese Weise wird der Hund am Herausklettern gehindert.

Die beste Zwingeranlage ist die mit einem nach zwei – noch besser nach drei – Seiten geschlossenen und nach einer Seite offenen Überdach, in die dann die eigentliche Hütte gestellt werden kann. Dieses nach einer Seite offene Dach sollte möglichst nicht zu hoch gebaut werden, damit der Hund im Sommer Schutz vor der Sonne findet und bei Schlechtwetter Wind und Regen abgehalten werden.

Das Dach ist so anzubringen, daß das Regenwasser auf keinen Fall in den Zwinger läuft.

Um einen freistehenden Zwinger können Hecken gepflanzt werden – ein prima Schutz gegen Witterungseinflüsse und auch ein wirksamer Schutz vor fremden Personen. Die Umpflanzung darf jedoch die Sicht zu den Hausbewohnern (Wohnzimmer, Terrasse usw.) nicht behindern. Als Umpflanzung für den Zwinger eignen sich sehr gut Holunder, der schnellwüchsig und relativ billig zu erwerben ist, sowie Haselnußsträucher. Beide Straucharten zeigen sich bei einem „Anpinkeln" am unempfindlichsten. Nadelhölzer dagegen sind für eine Umpflanzung weniger gut geeignet.

Der Zwinger sollte in seinem Inneren auch nicht eintönig angelegt sein. Das Hineinstellen von 30 bis 40 cm hohen Baumstümpfen kann einem Hund die größte Freude bereiten, denn er wird sie sehr oft als „Aussichtsturm" benützen. Handelt es sich um einen Dachshundezwinger, kann es nicht schaden, wenn eine kleine Röhre eingebaut wird. Die Teckelwelpen haben ihre helle Freude daran und gewöhnen sich bereits im Welpenalter an das Einschliefen.

Wie groß soll eine Hundehütte sein und wie soll sie gebaut werden?

Wenn ein Hund durch ein Dach über dem Kopf gegen Witterungseinflüsse geschützt ist, braucht er nicht unbedingt eine Hütte mit Vorraum, d.h. Windfang. Die Schlafräume der im Freien stehenden Hundehütte müssen größer sein als der unter Dach stehenden. Der Hund muß sich in seiner Behausung bewegen können, damit er sich erwärmen kann. Die auf der Zeichnung aufgeführten Größenangaben sind Richtmaße, sie sollen nur Anhaltspunkte sein. Die Schlupflöcher niemals zu groß anfertigen. Am besten ist ein abnehmbares oder aufklappbares Dach. Letzteres ist deshalb besser, weil es auch von schwächeren Personen geöffnet werden kann. Die Reinigung ist leichter, auch Würfe können so gut beobachtet werden. Soll die Hütte nicht unter einem Dach stehen, empfiehlt sich eine Giebelbauweise. Auf jeden Fall mit wasserdichter Dachpappe überziehen. An den Rändern umbiegen und mit einer Leiste gegen Beschädigung schützen.

Als Trennwand zwischen Windfang und der eigentlichen Schlafkammer kann eine Sperrholzplatte eingesetzt werden, die in Schubleisten eingeschoben und somit zum Herausnehmen ist.

Diese Trennwand kann so z.B. im Sommer leicht entfernt werden. Wird intensiv gezüchtet, so ist zu empfehlen, die Hütte von Haus aus größer zu bauen und einen Teil mittels einer geschlossenen Trennwand ganz von der eigentlichen Schlafkammer abzutrennen, bis ein Wurf vorhanden ist.

Beim Bau der Hundehütte ist die Isolierung von enormer Wichtigkeit, damit der Hund auch im Winter genügend Wärme hat. Hier kann auch gleich auf das Lager für den Hund eingegangen werden. Ein Jutesack z.B. ist wenig geeignet. Er verschmutzt schnell, ist eine Brutstätte für Ungeziefer, hält die Feuchtigkeit und gibt keine Wärme ab. Das wärmste, gesündeste und immer noch billigste Lager ist Stroh. Wenn jemand die Gelegenheit hat, Haferstroh zu bekommen, so ist dieses wegen der fehlenden Grannen zu bevorzugen. Langstroh heutzutage zu bekommen, ist äußerst selten, es wäre aber das Beste. Auf jeden Fall ist von einem Lager aus Heu,

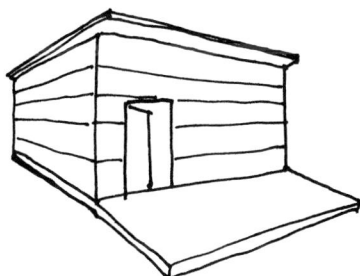

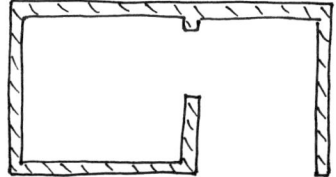

Schema einer Hundehütte

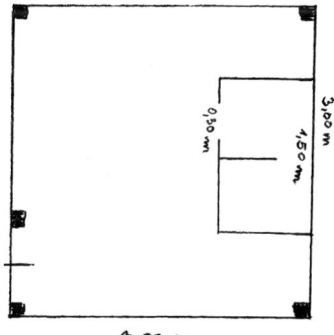

Beispiel einer Zwingeranlage mit Hundehütte

183

Torf oder Sägemehl abzuraten. Die Reizwirkung durch den aufgewirbelten Staub auf Auge, Nase und Luftröhre kann so stark sein, daß der Hund schlimme Entzündungen bekommt.

Die Ränder werden von den Welpen und Junghunden und auch von Ausgewachsenen sehr gerne angenagt. Es ist daher zu empfehlen, diese Angriffsstelle mit dünnem Alublech zu beschlagen. Die geringe Mühe lohnt sich. Im Winter kann das Schliefloch mit einem oben angenagelten Segeltuch oder mit einem Jutesack verhängt werden. Häufig ist das aber vergebliche Liebesmühe, denn der Behang wird in den meisten Fällen umgehend abgerissen.

Kann die Hundehütte nicht unter einem nach den Seiten geschützten Zwingerdach untergebracht werden, so ist der Standplatz so zu wählen, daß dem Hund die Möglichkeit genommen wird, über das Hüttendach aus dem Zwinger zu klettern.

Wird gezüchtet oder werden mehrere Hunde im Zwinger gehalten, dann reicht eine Hütte nicht aus. Lieber gleich zwei Hütten in den Zwinger stellen, denn bei mehreren Hunden mußte ich erfahren, daß oft alle Hunde, die diesen Zwinger bewohnten, in ein und dieselbe Hütte gedrängt haben.

Futternäpfe, Trinkgefäße

Ein paar Worte sollen noch über diese für die Hundehaltung und erst recht für die Hundezucht so wichtigen Geräte geschrieben werden.

In unserer Zeit sind Plastikschüsseln aktuell. Welpen, kleinere Hunde und auch bereits ausgewachsene Jagdhunde nehmen diese Behälter sehr gerne als Spiel- und Kaugegenstände her. Die Folge ist, daß diese Gefäße in sehr kurzer Zeit immer wieder unbrauchbar werden. Ganz abgesehen von der Gefahr, die entstehen kann, wenn Welpen Plastikteile verschlucken. Es gibt hier schon ganz gute Sachen!

Auch Blech- und Aluminium-Näpfe werden von den spielenden Hunden durch die Gegend getragen und in sehr kurzer Zeit vollkommen deformiert.

Die beste Lösung ist ein Steingutfutter- und Trinknapf, wie er z.B. in Hasenställen verwendet wird. Dieser Napf ist erstens sehr schwer und zweitens nicht so leicht mit den Zähnen zu fassen. Wie gesagt, als Trinkgefäß sollte gleichfalls so ein Keramiknapf hergenommen werden. Den Trinkwasserbehälter nie auf den Zwingerboden stellen, denn ein Rüde wird sofort in diesen am Boden stehenden Napf pinkeln. Am besten auf einen Zementblock stellen.

Wer das nötige Kleingeld hat, kann sich auch Hundehäuser, Hundehütten oder einen ganzen Zwinger kaufen. Die entsprechenden Firmen bieten eine reichhaltige Palette an, und zwar in allen Typen, Größen und Ausführungen.

Meiner Meinung nach gibt es aber nichts Schöneres, als wenn man vor seinem selbstgebauten Zwinger steht und zusehen kann, wie sich der oder die Vierbeiner mit ihrem Nachwuchs darin wohlfühlen.

Unsere Jagdhunde in Kälte, Nässe und Hitze

Jeder Hund verfügt über sehr viele natürliche Abwehrmittel, um sich gegen alle Witterungseinflüsse selbst schützen zu können. Der Hund, der zum Beispiel in einem Zwinger gehalten wird, bekommt seinen natürlichen Winterpelz von selbst. Das Winterhaar garantiert ihm ein ausreichendes Luftpolster, damit er nicht friert.

Ganz anders verhält es sich, wenn der Hund naß geworden ist. Wie bereits mehrfach erwähnt, muß er dann trocken gerieben werden oder sich trocken laufen. Auf keinen Fall darf er naß in den Zwinger. Hier ist zu unterscheiden, ob unser Hund nur oberflächlich naß geworden ist, das macht ihm in den meisten Fällen nichts aus, oder ob er sozusagen bis auf die Haut, also tropfnaß ist. Da muß alles getan werden, um unseren Jagdgefährten vor einer Erkältung zu schützen.

Als weitere unangenehme Witterungsart haben wir die Hitze. Der Jäger kann beobachten, daß der Hund weitaus mehr unter der Hitze leidet als er selbst. Hohe Temperaturen bedeuten für ihn eine Qual, er hängt die Zunge heraus und er sucht sich nicht nur einen schattigen Platz sondern hält auch gleichzeitig nach einem kühlen Untergrund Ausschau. Dabei säuft er sich den Bauch voll, ohne daß ihm dabei besser wird. Man kann beobachten, daß bei einer Feldjagd gute Hunde in der Hitze schon nach zwanzig Minuten fix und fertig sind. Die gleichen Hunde steckten dann später im Herbst nach fünf Stunden noch nicht auf.

Es soll auch Jäger geben, die sperren ihren Hund bei großer Hitze ins Auto und sind der Meinung, daß es genüge, wenn sie das Fenster einen Spalt offen lassen.

Es gibt bei jeder Witterung immer Mittel und Wege, unseren Hund ordentlich zu behandeln und ihm das Leben so angenehm wie möglich zu machen.

Um den braven Jagdhund sehr lange mit auf die Pirsch oder zur Treibjagd mitnehmen zu können, empfiehlt es sich schon, ab und zu einen Tierarzt aufzusuchen und den Hund einmal durchchecken zu lassen. Aber einmal kommt eben doch die Zeit, in der die besten Regenerierungsmittel nichts mehr helfen. So bleibt wieder nur die eine Erkenntnis, den Hund schon in seinen jungen Jahren ordentlich zu halten und zu pflegen. Er wird es jedem Waidmann mit bester Arbeit und unbegrenzter Anhänglichkeit lohnen.

Wie halte ich einen alten Hund leistungsfähig?

Um es vorweg zu nehmen, das beste Mittel ist, den Hund in seinen jungen Jahren ordentlich zu halten und zu pflegen. Das erspart im Alter viel Kummer und Verdruß. Dieser Spruch könnte direkt auch für einen Jäger zutreffen, der in die Jahre gekommen ist.

Im Vergleich zum Menschenleben ist ein Hundeleben, an Jahren gemessen, relativ kurz. Es gibt da einen alten Hundeführerspruch:

Der Jäger hat fünf Jahre einen jungen Hund,
fünf Jahre einen guten Hund
und fünf Jahre einen alten Hund.

Etwa im Alter zwischen neun und elf Jahren merken wir, daß unser treuer Jagdbegleiter, von dem wir in seinem bisherigen Leben viel verlangt haben, in seinen Kräften nachläßt. Es rächen sich dann alle Nachlässigkeiten, die man dem Hund angetan hat.

Bei vielen Jagdhunden kann auch festgestellt werden, daß sie so im fünften Feld klüger geworden sind, vielleicht auch erfahrener. Plötzlich zeigt der Hund Eigenschaften, die er bis zu diesem Zeitpunkt nicht hatte. So wird er eigentlich erst zu Beginn des Alters zum hundertprozentigen Jagdgefährten, leider erst dann, müssen wir sagen.

Wenn meiner losgeschickt wurde, um einen geflügelten Fasan zu bringen, und nach einer Stunde noch nicht wieder zum Vorschein gekommen ist und alle andern schon lästern, „der hat bestimmt schon längst Brotzeit gemacht und den Fasan gefressen" und er dann plötzlich ankommt, mit dem Fasan im Fang, ordentlich Platz geht und den Fasan ausgibt, dann meinte ich, ich könnte ihm direkt ansehen, was er gedacht hat: „Denen haben wir es wieder einmal ordentlich gezeigt."

Wie pflegt man beim Hund die Augen?

Gar mancher Hundebesitzer wird schon einmal festgestellt haben, daß bei seinem Hund die Augen tränen. Dies kann verschiedene Ursachen haben.

Besonders der junge Hund ist für Augenentzündungen empfänglich. Oft ist die Ursache die kalte und windige Jahreszeit, noch weitaus mehr ist es die Unvernunft des Hundebesitzers, wenn er seinen Hund bei offenem Autofenster den Kopf hinaushängen läßt. Auch in der Blütezeit der Wiesen und Felder treten verstärkt Bindehautentzündungen auf. Besonders betroffen sind da unsere niederläufigen Hunde, aber auch unsere Erdhunde haben damit zu kämpfen.

In den meisten Fällen handelt es sich nicht um eine schwerwiegende Erkrankung. So kann mit einer regelmäßigen Pflege vorgebeugt und Abhilfe geschaffen werden.

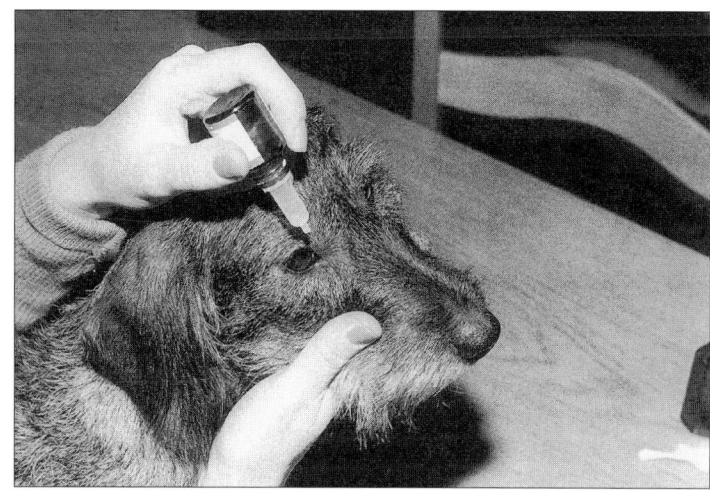

Augenpflege

Bei der Pflege ist von einer Kamillentinktur abzusehen. Auch wenn der Tee noch so sorgfältig gefiltert wurde, es bleiben immer kleine Staubteilchen hängen, die eine Entzündung nur noch verstärken. Das beste Mittel ist Borwasser oder ein Mittel, das außer Borwasser auch noch Azulen, den entzündungshemmenden Wirkstoff der Kamille (die hier hundertprozentig gereinigt ist), und ein Antiseptikum enthält.

Das Augenlid des Hundes wird dabei etwas herabgezogen und die Flüssigkeit eingeträufelt. Sollte sich jedoch ein Fremdkörper im Auge befinden, so ist unverzüglich der Tierarzt aufzusuchen.

Wie pflegt man beim Hund die Ohren?

Die meisten unserer Jagdhunde gehören zur Gattung der hängeohrigen Exemplare. Sie sind daher gegen Entzündungen und Krankheiten der Gehörgänge besonders empfindlich. Eine sorgfältige Pflege ist daher auch hier notwendig.

Es wird ein Wattestäbchen in Reinigungsöl (Babyöl) eingetaucht und sehr vorsichtig in den Gehörgang eingeführt. Durch Hin- und Herdrehen kann jeder Schmutz entfernt werden. Das Wattestäbchen nicht zu weit einführen, da sonst die Gefahr einer Verletzung des Innenohres besteht.

Nach der Reinigung das Ohr nach oben ziehen, damit der Gehörgang offen wird und etwas Desinfektionspuder einführen. Anschließend das Ohr etwas reiben, damit

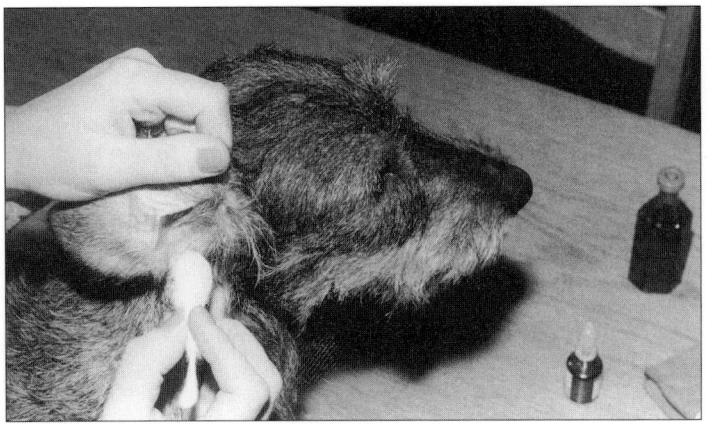

Ohrenpflege

sich das Puder gleichmäßig verteilt. So ist der Hund vor jeder Ohrenentzündung geschützt.

Wie pflegt man beim Hund das Gebiß?

Unser Jagdhund kommt, wie alle Säugetiere, ohne sichtbare Zähne zur Welt. Ansätze hierzu sind zwar schon im Kiefer vorhanden, die Zähne brechen aber erst später durch, und zwar die Eckzähne zuerst, etwas später kommen dann die Schneidezähne zum Vorschein.

Das Auswechseln des Milchgebisses zum vollständigen Gebiß erfolgt ungefähr im fünften Monat, und mit Ende des sechsten Monats ist der Zahnwechsel abgeschlossen.

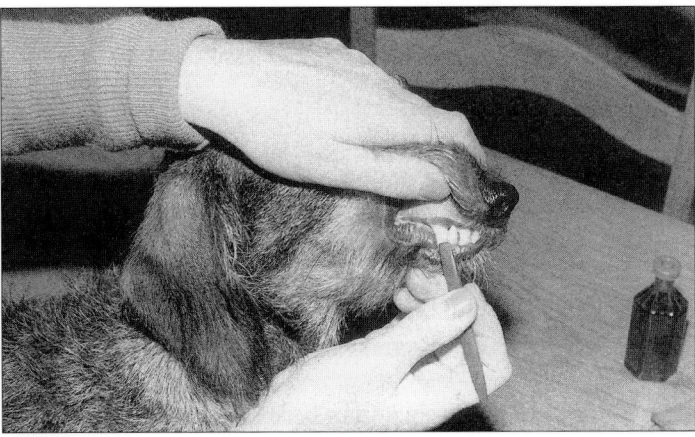

Zahnpflege

Mit den Jahren erweitert sich der Abstand zwischen den einzelnen Zähnen und es nützen sich besonders die Fang- und Backenzähne ab. An der Veränderung des Gebisses kann man auch das Alter des Hundes erkennen.

Für unseren Jagdhund ist ein gutes

Gebiß von größter Wichtigkeit, denn ein schlechtes Gebiß ist in den meisten Fällen die Ursache für eine Krankheit. Es ist daher erforderlich, daß auch das Hundegebiß ordentlich gepflegt wird.

Mit der Fütterung von Hundekuchen und ab und zu einem Kalbsknochen wird wohl etwas vorgebeugt. Trotzdem ist es nicht zu vermeiden, daß sich Zahnstein bildet. Dieser kann mit Hilfe eines Nagelreinigungsstiftes entfernt werden. Es sollte dabei auf keinen Fall die Spitze genommen werden, da sonst die Gefahr der Verletzung des Zahnfleisches gegeben ist.

WIE ERKENNT MAN KRANKHEITEN BEIM JAGDHUND?

Unser Hund kann uns keinen Hinweis geben, er kann es uns nicht sagen, wenn er sich krank fühlt. Wir merken es nur an seinem Benehmen, er zeigt keinen Hunger, löst sich nicht normal, seine Augen und sein Fell werden glanzlos. Das alles sind Merkmale einer herannahenden Krankheit bei unserem vierbeinigen Jagdgenossen.

Hier soll gleich auf etwas aufmerksam gemacht werden: Lassen Sie sich nicht täuschen, wenn ein Rüde einmal nicht mehr richtig frißt oder wenn in seinem Benehmen eine Veränderung auftritt. Es liegt dann zwar auch eine Störung vor, aber nur vorübergehend, da es sich dabei sehr oft um Liebeskummer handelt, für den mit Sicherheit eine hitzige Hündin, irgendwo in der Nachbarschaft, verantwortlich ist. Genau wie beim Menschen, kann auch bei unseren Hunden der Puls gefühlt werden. Ein normaler Hund hat einen Pulsschlag von ca. 70 bis 80 Schlägen. Am besten fühlt man den Puls, wenn man dem Hund auf der Seite des Herzens unter die Vorhand greift. Wenn unser Freund also einen gleichmäßigen Pulsschlag hat, dann ist nichts zu befürchten. Wenn er aber unregelmäßig ist oder gar von Zeit zu Zeit nicht vernehmbar, dann ist eine Störung des Kreislaufes vorhanden.

Ein nur schwer vernehmbarer Pulsschlag ist möglicherweise ein Hinweis auf eine Vergiftung. Die von mir aufgezeigten Handgriffe sind sehr einfach und können von jedem durchgeführt werden. Mehr sollte man aber nicht in Eigenregie tun, sondern umgehend den Tierarzt aufsuchen, denn der weiß die Symptome unseres Vierbeiners sicherer zu deuten.

Ähnlich verhält es sich auch mit dem Fiebermessen. Die normale Temperatur eines Hundes beträgt in der Regel 37,5° C bis 38,5° C. Ob ein Hund Fieber oder Untertemperatur hat, kann nur mit einem Thermometer festgestellt werden. Das Fiebermessen geht bei unserem Jagdhund folgendermaßen vor sich:

Das Fieberthermometer wird zuerst mit etwas Öl schlüpfrig gemacht und dann vorsichtig in den After eingeführt. Dort verbleibt es ca. eine halbe bis eine Minute, damit auch die tatsächliche Temperatur angezeigt wird.

Gewisse Schwierigkeiten haben die meisten Hundeführer mit dem Eingeben von Medikamenten. Die leichteste Methode ist im allgemeinen die, die vom Tierarzt verschriebenen Tropfen oder auch Pulver unter das Futter zu mischen. Der Tierarzt bevorzugt meistens das Injizieren, das heißt, die Spritze. Nur der Tierarzt weiß mit einer Spritze umzugehen und sonst niemand.

Für unsere Vierbeiner gibt es aber auch Tabletten und Kapseln, und da wird die Verabreichung schon etwas schwieriger. In den meisten Fällen muß schon etwas Zwang angewendet werden. Die beste Methode ist, die Tablette oder Kapsel in etwas Streichwurst „einzuwickeln", dann paßt es meistens. Darauf geachtet muß werden, daß unser Schlaumeier das Ganze auch runterschluckt. Ansonsten muß versucht werden, die Tablette so weit wie möglich nach hinten in den Rachen zu schieben, anschließend den Fang zuhalten und so lange warten, bis der Hund geschluckt hat. Ähnlich kann auch mit flüssiger Arznei vorgegangen werden.

Ich hatte einen Rüden, dieser Schlaumeier hat es immer wieder fertig gebracht, trotz Fangzuhalten und so weiter, die Arznei auszuspucken. Dem habe ich zum Beispiel die Wurmpaste vorne an die Vorderläufe geschmiert. Man konnte ihm richtig ansehen, wie er sich geekelt hat, aber abgeschleckt hat er sie letzten Endes trotzdem, weil er das Zeug nicht an sich leiden mochte.

Krankheiten, die unseren Jagdhund befallen können

Jeder sollte seinen Jagdhund nach der Devise halten: Vorbeugen ist besser als heilen!

Trotzdem kann es vorkommen, daß unser vierbeiniger Jagdfreund eines Tages von einer Krankheit befallen wird. Es kommt dann die Zeit, in der vor jedem Selbstkurieren und ähnlichen Dingen, dazu gehört auch die Selbstdiagnose, abgeraten werden muß.

Das anschließende Aufzeigen verschiedener Krankheiten soll dem Hundehalter also nur eine Hilfe sein, sonst nichts. Ziel meiner Ausführungen soll sein, daß der Halter eines Jagdhundes mehr Verständnis für die gesunde Erhaltung seines Vierbeiners aufbringt und daß er, wenn notwendig, erfolgreich mit seinem Tierarzt zusammenarbeitet.

Die Staupe

Die Staupe tritt zwar in letzter Zeit dank sehr guter Impfstoffe nicht mehr so häufig auf, trotzdem werden manche Welpen und auch ältere Hunde davon befallen.

Sie wird durch ein Virus hervorgerufen, von dem es, wie bei der Grippe, mehrere Arten gibt. Der Zeitraum von der Ansteckung bis zum Ausbruch der Krankheit dauert etwa zwei bis drei Wochen. Es können dabei drei verschiedene Varianten auftreten:

1. Die Magen- und Darmstaupe, die dadurch zu erkennen ist, daß der Hund eine Magen- und Darmentzündung bekommt, mit Erbrechen und Durchfall.
2. Die katarrhähnliche Form, auch klassische Staupe genannt. Die Augen sind mit einem eitrigen Sekret verklebt, wobei die Bindehäute hochrot gefärbt sind. Aus der Nase kommt ein gelblich schleimiger Ausfluß, wobei der Schwamm der Nase selbst trocken und rissig ist.
3. Die dritte Art ist die sogenannte nervöse Staupe, hervorgerufen durch den Virus-

befall des Nervensystems. Es zeigen sich Zuckungen, Krampfanfälle und Lähmungserscheinungen.

Die Krankheit dauert etwa zwei bis vier Wochen. Es sterben von den schwer erkrankten Tieren ca. sechzig Prozent. Eine Behandlung kann nur der Tierarzt durchführen. Als Vorbeugungsmaßnahme ist unbedingt eine Impfung zu empfehlen.

Die Leptospirose (Stuttgarter Hundeseuche)

Hohes Fieber, Appetitlosigkeit und unstillbares Erbrechen sind die Anfangssymptome dieser Krankheit, die in Einzelfällen auch auf den Menschen übergehen kann. Das anfänglich sehr hohe Fieber sinkt nach einigen Tagen, und es können in der Folgezeit zwei verschiedene Krankheitsbilder hervortreten. Das eine zeigt sich in Form einer starken Gelbsucht, verbunden mit einer Nierenentzündung, die in den meisten Fällen nach ca. zwei Wochen zum Tode führt.

Diese Form der sogenannten Stuttgarter Hundeseuche ist für den Menschen besonders gefährlich.

Die zweite, bei unseren Vierbeinern häufiger in Erscheinung tretende Leptospirose zeigt sich in einer Entzündung der Mundschleimhaut, wobei es häufig zu Geschwürbildungen kommt. Übler Mundgeruch, ein unstillbares Durstgefühl, Durchfall und Erbrechen sowie eine Nierenentzündung sind die Folge.

Auch hier tritt meistens der Tod ein.

Auch bei dieser Krankheit kann nur der Tierarzt helfen. Vorbeugungsmaßnahme ist auch hier das rechtzeitige Impfen.

Die Tollwut

Diese Krankheit wurde von mir mit Absicht an die dritte Stelle gesetzt, weil nämlich für alle drei Krankheiten, Staupe, Leptospirose und Tollwut eine Dreifachimpfung möglich ist. Auch Welpen können ab der siebten Lebenswoche damit versorgt werden.

Die Tollwut ist eine durch ein Virus hervorgerufene Krankheit, die das ganze Nervensystem befällt und absolut tödlich ist. Sie kann als die gefährlichste aller Infektionskrankheiten bezeichnet werden.

Diese Krankheit ist auf alle Warmblüter, also auch auf den Menschen, übertragbar.

Die Tollwut kann sich bei den Hunden in verschiedener Form bemerkbar machen. Da gibt es die sogenannte „stille Wut", der Hund wird teilnahmslos, unruhig und vor allen Dingen bissig.

Die sogenannte „rasende Wut" zeigt sich in verstärkter Unruhe und im Drang, davonzulaufen. Der Hund schenkt seinem Futter keine Beachtung mehr, er beißt aber in Fremdkörper, wie zum Beispiel in Holz oder Steine.

Die Übertragung erfolgt durch einen Biß, über den Speichel, der in die offene Wunde gelangt. Zwischen dem Biß und dem Ausbruch der Krankheit vergehen in der Regel vier bis sechs Wochen.

Im Endstadium dieser Krankheit treten Lähmungserscheinungen auf. Der Hund torkelt durch die Gegend, er kann den Unterkiefer nicht mehr bewegen, und ehe er endgültig eingeht, vermag er nicht mehr zu stehen.

Gegen Tollwut gibt es keine Behandlung, nur die rechtzeitige Impfung.

Sehr gefährlich für den Menschen!

Die Darm- und Hautparasiten

Über den Spulwurm wurde bereits gesprochen. Neben diesem Parasiten gibt es noch die Haken- und Peitschenwürmer, ferner den Bandwurm, der nur sehr schwer zu bekämpfen ist. Ein charakteristisches Merkmal ist das Auftreten von Bandwurmteilchen im Kot. In diesem Fall ist ein Besuch beim Tierarzt unerläßlich.

Eine ganz andere Gattung sind die sogenannten Hautparasiten. Unsere Jagdhunde werden bei ihrer Arbeit von Zecken befallen. Die Zecke haftet in den meisten Fällen reaktionslos, und unser Hund zeigt durch Kratzen und Beißen an, daß er befallen ist. Bei hochgradigem Befall können eine Störung des Allgemeinbefindens sowie Blutarmut auftreten. Einzelne Zecken kann der Jäger selbst entfernen. Da gibt es zum Beispiel gute Zeckenzangen. Weiters gibt es auch Zeckenbänder, die sich aber bei unserem Jagdhund, der ja auch mit seiner Nase arbeiten soll, durch deren Geruch nachteilig auswirken.

Ein Kapitel für sich sind die Hundeflöhe. Da kann man den Hund baden, einsprühen, die Flöhe kehren immer wieder. Trotzdem sollten wir mit Puder oder Sprühmittel dagegen angehen. Das Lager des Hundes dabei nicht vergessen! Am besten wirken aber flüssige Langzeitmittel, die am Nacken des Hundes aufgetropft und eingerieben werden. Bei 3–4maliger Wiederholung der Anwendung, im Abstand von 4 Wochen, werden auch die neuen Flohpopulationen abgetötet und man kann so den Hund und seine Umgebung „flohrein" bekommen.

Die Hunderäude wird durch Milben hervorgerufen. Hier kann zum Beispiel bei unseren Erdhunden der Fuchs der Überträger sein. In früheren Jahren ist die Räude als ausgesprochene Zwingerkrankheit vorgekommen, was heute nicht mehr der Fall ist. Die ersten Veränderungen zeigen sich am Unterbauch des Hundes, in der Schenkelinnenfläche und in den Achselhöhlen in Form von roten Flecken. Es tritt auch hier Juckreiz auf, und es können sich kleine Knoten bilden. Eine Selbstbehandlung ist ausgeschlossen, da sich selbst der Tierarzt am Anfang mit einer Diagnose schwer tut.

194

Vergiftungen

Vergiftungen können vielseitig sein. Da gibt es giftige Pflanzenschutzmitteln, Bleivergiftungen und Vergiftung durch Rattengift.

In der heutigen Zeit wird ein Übermaß an Pflanzenschutzmitteln versprüht, unter dem nicht nur die übrige Tierwelt zu leiden hat, ab und zu erwischt es auch einen unserer vierbeinigen Jagdgenossen.

Eine Vergiftung ähnelt in den meisten Fällen einer schnell verlaufenden Infektionskrankheit. Meistens zeigen sich die ersten Anzeichen in Form von Erbrechen und Durchfall. Der Kot hat eine gelbliche Farbe. Es können auch Krämpfe, je nach Vergiftung, oder Blutungen auftreten.

Wenn sich der Hund erbricht oder Durchfall hat, so ist das vielleicht schon der erste Reinigungsprozeß der Gedärme, aber nur vielleicht, denn es kann auch der Anfang vom Ende sein.

Wer einmal erlebt hat, wie der über zehn lange Jahre treue Jagdgehilfe langsam, aber sicher, daran eingeht, der weiß, wie jämmerlich das Ende aussieht.

Schließlich wäre noch eine Bleivergiftung zu nennen, hervorgerufen durch Ablecken von Holz- oder Eisenteilen, die mit einer bleihaltigen Rostschutzfarbe angestrichen wurden. Das Schlimmste ist, wenn der Hund irgendwo einen ausgelegten Rattenköter erwischt. Diese Art Vergiftung ist wohl die heimtückischste, die einem Hundeführer mit seinem Hund passieren kann, da sie erst nach Wochen zu erkennen ist, und dann ist es meistens zu spät.

Die Analbeutelentzündung

Wir alle kennen bei unseren Hunden das sogenannte „Schlittenfahren" – eine Folge von Nichtentleerung der Analdrüsen. Diese Analdrüsen liegen links und rechts vom After. Meistens scheiden sie ihre Flüssigkeit mit dem Kot aus. Auf jeden Fall erfolgt die Entleerung automatisch.

Mit diesem Vorgang setzt der Hund seine Duftmarke.

Wenn wir unseren Hund beobachten, so können wir feststellen, daß er bei einem anderen Hund als erstes den After beschnüffelt.

Wenn sich die Analdrüsen nicht rechtzeitig entleeren, kann es zu Entzündungen kommen. Vereiterung und Abzeßbildung können die Folge sein. Unbedingt den Tierarzt aufsuchen!

Anhand der Beschreibung der einzelnen Krankheiten, die natürlich nicht vollständig sein kann, dafür sind die Tierärzte da, können wir erkennen, daß auch für den Menschen eine erhebliche Gefahr der Ansteckung bei manchen Krankheiten vorhanden ist. Jeder Jäger, der sich einen Jagdhund hält, sollte also darauf achten, daß sein Hund gepflegt wird, dazu gehört in erster Linie die Parasitenbekämpfung, denn jene sind es, die die meisten Krankheiten an unseren Hund herantragen.

Ein weiterer Punkt ist eine entsprechende Impfung, die immer rechtzeitig zu erfolgen hat. Wenn der Jagdhund im Zwinger lebt, immer für peinlichste Sauberkeit sorgen.

Wenn Ihr vierbeiniger Jagdgehilfe schon im Zwinger leben muß, dann sorgen Sie dafür, daß er genügend Auslauf hat, und nehmen Sie ihn öfters mit ins Haus, besonders im Winter.

Lassen Sie ihn ruhig ab und zu mit Ihren Kindern toben. Keine Angst, er verlernt nichts von dem, was Sie ihm beigebracht haben. Versorgen Sie ihn wie Ihr Kind, aber behandeln Sie ihn nicht so. Er dankt es Ihnen mit seiner grenzenlosen Ergebenheit und durch ein langes Leben.

Die wichtigsten Impfungen

Die Veterinärwissenschaft kann heute Impfstoffe anbieten, die unseren vierbeinigen Jagdgehilfen weitgehend vor den schlimmsten Krankheiten schützen. Voraussetzung ist eine rechtzeitige Impfung und eine Wiederholungsimpfung.

Als Grundimmunisierung erfolgt die erste Impfung im Alter von sieben bis neun Wochen. Ein ordentlicher Züchter läßt den Welpen impfen, ehe er ihn an den neuen Besitzer abgibt.

Die erste Impfung schützt ihn vor der Tollwut, der Hepatitis (Gelbsucht), der Staupe und der Leptospirose (Stuttgarter Hundeseuche). Die Immunisierung erfolgt mittels einer Injektion.

Die zweite Impfung wird im Alter von zwölf bis vierzehn Wochen durchgeführt.

Um einen dauerhaften Schutz gegen Tollwut zu ermöglichen, werden Wiederholungsimpfungen im jährlichen Abstand empfohlen. Bei Reisen in andere Staaten sind die jeweiligen Landesbestimmungen zu berücksichtigen.

Zur Gewährleistung einer kontinuierlichen Immunität gegen Staupe und Hepatitis sind Wiederholungsimpfungen im Abstand von ein bis zwei Jahren notwendig. Gegen Leptospirose muß jährlich nachgeimpft werden.

Bei Hündinnen ist außerdem eine Auffrischungsimpfung etwa in der Mitte jeder Trächtigkeit zu empfehlen.

Kein Hund wird zu einer Gebrauchsprüfung zugelassen, wenn er nicht den Impfnachweis erbringen kann.

Zehn Gebote für den Jagdhundeführer

1. Als Waidmann, der Du Anspruch auf diesen Titel erhebst, mußt Du einen brauchbaren Hund führen.

2. Als Jagdgebrauchshund kannst Du ihn aber erst bezeichnen, wenn er zu Deinen Revierverhältnissen paßt. Aus Rassenliebhaberei nur irgendeinen Jagdhund zu halten, der nicht zu Dir paßt, ist reiner Unsinn.

3. Wenn Du Dir eine Waffe kaufst, schaust Du auch nicht auf jeden Pfennig, also tue dies auch nicht beim Jagdhundekauf. Bei dem einen Kauf siehst Du auf den guten Ruf des Büchsenmachers, bei dem anderen Kauf achte auf den guten Ruf des Züchters.

4. Zumindest genau so wichtig wie die Waffe, ist der Hund. Du kannst mit Deiner Waffe zwar ein Stück Wild schießen, zum Auffinden aber brauchst Du einen Hund.

5. Behandle Deinen Hund als Deinen besten Jagdgenossen und schimpfe ihn nicht, wenn er einmal versagt. Du kannst ihn nur schelten, tadeln oder zurechtweisen, wenn Dir in Deinem bisherigen Leben noch nie ein Fehler unterlaufen ist.

6. Auf Deinen Gängen im Revier soll Dein Hund immer Dein Begleiter sein. Du weißt nie, ob Du ihn nicht doch brauchen wirst.

7. Kaufe Dir, wenn möglich, nie einen sogenannten „fertigen Hund", mit dem wirst Du nämlich kaum zurechtkommen. Kaufe nur einen im Welpenalter, denn Du sollst ihn selbst erziehen und abrichten. Nur so wirst Du mit ihm den richtigen Kontakt bekommen.

8. Vergiß an heißen Tagen nie eine Flasche Wasser für Deinen Hund mitzunehmen, denn ein Hund, der zum Beispiel bei der Hühnerjagd immer auf seine eigene Zunge tritt, an dem wirst Du und werden andere keine Freude haben.

9. Dein Hund verträgt es nicht gut, wenn Du ihn in überhitztem Zustand ins kalte Wasser schickst. Besonders im Winter kann es ihm schaden. Deine Fürsorge dankt er Dir durch ein hohes Alter.

10. Wenn Du nach einem Jagdtag oder nach einer Treibjagd ins Wirtshaus kommst, denke daran, daß auch Dein Hund Hunger hat.

HALALI

Der Sommer ist längst vorbei und der Winter
hat noch nicht begonnen. Der Herbst ist da,
für den Jäger und seinen Hund die schönste
Zeit. Viele herrliche Tage sind wieder vergangen,
auf dem Ansitz, bei der Pirsch, bei der
Treibjagd. Viele Jagdtage hoffen mein Hund
und ich noch zu erleben.

Es sind Tage des Nachdenkens und der stillen
Einkehr. Allen, die mir mit der Bereitstellung
von Bildmaterial und manch gutem Rat
geholfen haben, sei hier an dieser Stelle
Waidmannsdank gesagt.

Allen Jägern oder solchen, die es werden wollen,
auch denen, die sich nur für unsere vierbeinigen
Jagdgehilfen interessieren, hoffe ich, mit meinen
gutgemeinten Ratschlägen geholfen zu haben.

Wir sitzen beide am Waldrand, mein Hund
und ich, und genießen die wenigen noch
wärmenden Sonnenstrahlen. Dabei kommt
mir ein Vierzeiler eines bayerischen Landsmannes
in den Sinn:

I blinzlt in de warme Sonn
und denk mir bloß wia schee!

... Schad, daß ma nix derhalt'n ko,
geh weiter, Zeit, bleib steh!

In diesem Sinne allseits Waidmannsheil!

BILDQUELLENVERZEICHNIS

Deutschland

Verein Dachsbracke; Deutscher Teckelklub von 1888 e.V.; Verein für französische Vorstehhunde e.V. VBBFL; Verein Hirschmann e.V.; Parson Jack Russel Terrier Club; JRTCD –
Deutscher Club für Nordische Hunde e.V.; Verein für Pointer und Setter e.V.; Pudelpointer
e. V.; Verein Deutsch-Stichelhaar e.V.; Helga Horsten: Verein für Deutsche Wachtelhunde
e.V.; Deutsch-Kurzhaar-Verband e.V.; Deutscher Retriever Club e.V.; Deutscher Foxterrier
Verband, Jagdspaniel Klub e.V.; Hilde Schwoyer, J. Bettels, S. Geßner, A. Hibben, K. H.
Steinkühler – D. Dicke K. u. J. Zerbe; A. Timm Burkhardt, K. Bachmann, K. Schreiber;
Albert Hofstetter, Verband Große Münsterländer; Verein Jagd-Beagle, Gordon-Setter-Club
Deutschland e. V.; Weimaraner Klub e. V., Karl Grund; J. Beyerling; H. van Elsbergen; U.
Kliebenstein; H. Räber; W. Dorer; W. Korfmann, Laika-Club e.V.; Griffon-Club e.V.; R.
Grosser; M. O. Weindler; M. Fries; H. Roth, DBC e.V.

Österreich

Klub Dachsbracke; Österreichischer Brackenverein; Verein für französische Vorstehhunde;
Österr. Schweißhundeverein; Österr. Deutschlanghaar-KLUB; ÖDLK-Österr. Verein für
Große und Kleine Münsterländer; Österr. Retrieverclub Ö.R.C.; Österr. Jagdspanielklub,
Klub zur Züchtung ungarischer Vorstehhunde MVC; Österreichischer Klub für drahthaarige
Ungarische Vorstehhunde ÖKDUV; Österreichischer Welsh Terrier Klub ÖWTK; Wolfgang
Retschitzegger – Fritz Paar; Verein für Deutsche Wachtelhunde in Österreich; Martin Muster;
Österreichischer Basset- u. Laufhunde Club; Österreichischer Foxterrier Klub; Österreichi-
scher Weimaraner Verein; Adi Schrotter

Schweiz

E. H. Watze; Erika Blum – Schweizerischer Niederlaufhund-Club; Schweizerischer Club für
Deutsche Jagdterrier SCDJT; Schweizerischer Foxterrier Club – Norbert Allemann; Schwei-
zerische Kynologische Gesellschaft; Mireille Robbaye-Raol Sautebin – Schweizerische
Schule für Blindenhunde

Frankreich

Rainer Georgii Belabre-Club De L'Epagneul Picard, Bleu De Picardie, Pont-Audemer
Cazillac Reunion Des Amateurs Du Braque D'Auvergne

Italien

Kurzhaar-Club Italiano

Schweden

Svenska Älghundenklubben (assierd med)
Svenska Kennelklubben, Skolgaten 31 C, S 83145 Östersund

Die restlichen Bilder stammen vom Verfasser.

Titelbilder: Bildagentur Pix, Wien; Bildagentur Mauritius, Wien – je ein Bild; restliche
Titelbilder siehe oben.

Aus unserem Programm

ISBN 3-7020-0855-1

HELMUT WÖLFEL

TURBO-REH UND ÖKO-HIRSCH

Perspektiven zu Wild, Hege und Jagd

200 Seiten, zahlreiche Farbabbildungen und Grafiken, Hardcover

Die Jagd ist in Diskussion gekommen. Zwar ist klar, daß das Wild in unseren Wäldern allemal artgerechter lebt (und stirbt) als die meisten unserer Nutztiere und daß die Jagd zur Erhaltung eines Gleichgewichtes im Wald und zur Aufrechterhaltung des Bestandes an Wildtieren auch in Zukunft unverzichtbar ist. **Wie aber können Jagdpraxis und Hege zeitgemäß und tiergerecht aussehen? Welche Ansprüche stellen Öffentlichkeit, Tourismus, Landwirtschaft, Umwelt- und Tierschützer, Jäger, Konsumenten und – vor allem – die Tiere?** Die Antworten eines Wildbiologen und Jägers werden für alle Seiten überraschend und herausfordernd sein.

Aus dem Inhalt:
- Der Jäger und seine Verantwortung
- „Who is who?": Die unterschiedlichen Lebensweisen und Ansprüche von Rot- und Rehwild aus der Sicht des Wildbiologen
- „Chefsache": Zur Ranghöhe und der Geweihausbildung
- „Wintergatter": Liberalisierter Strafvollzug mit Freigang zur Jagdzeit
- „Diät und Mast": Zum Sinn und Unsinn der Wildfütterung
- „Turbojagd": Zur Durchführung von Bewegungsjagden (Treibjagd) auf Reh- und Rotwild
- „Tabu-Bereich?": Jagd in Großschutzgebieten

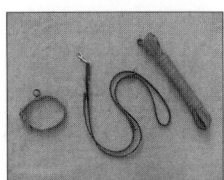